創造力教學
——過去、現在與未來

葉玉珠 著

作者簡介

葉玉珠

學歷：美國維吉尼亞大學（University of Virginia）教育心理學博士

現職：國立政治大學師資培育中心特聘教授、教育學系兼任教授；
創新與創造力研究中心研究員；心智、大腦與學習研究中心
研究員；《教育與心理研究》（TSSCI 期刊）、*The Open
Education Journal* 編輯委員；政大出版社編輯委員

經歷：國立政治大學師資培育中心主任、教師研習中心主任；《測
驗學刊》、《教育與心理研究》執行編輯；中國測驗學會副
秘書長；國立中山大學教育研究所專任助理教授、副教授；
學術交流基金會助理研究員、副研究員；東吳大學兼任講師

主要學術榮譽：國科會 97 年度傑出研究獎

主要著作：

　　五年內已出版之書籍包括：《教育心理學》（三章）、《批判
思考測驗——第一級》、《科技創造力測驗》、《生活問題解決測
驗》、《情境式創造力測驗》。已發表之創造力相關中文論文十餘
篇（七篇 TSSCI、三篇 TSSCI 觀察）、英文論文四篇（分別發表於
SSCI 兩個著名的創造力專門期刊：*Creativity Research Journal* 和
Journal of Creative Behavior）。

個人網站：

　　http://www3.nccu.edu.tw/~ycyeh

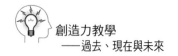

序

　　1991 年，拿到碩士學位後，在偶然的機會下，開始跟隨吳靜吉教授，進行「拓弄思創造思考測驗」的修訂，從此與創造力結緣。在創意大師的手下做事，讓我體會了獨立與多元思考的重要性以及自身專業知識的不足，於是工作三年後，出國攻讀博士學位。1997年拿到博士學位回國後，又再度承蒙吳靜吉老師的引領與提攜，加入創造力研究的團隊，從此愛上了「創造力」這個名詞，也開始了我從事創造力教學與研究的旅程。從對創造力「一無所知」到「提出理論」（創造力發展的生態系統模式）這個演化過程中，讓我對 Csikszentmihalyi 所言：「良師所扮演的主要角色即在讓年輕人的身分得到適當的評價，以鼓勵他們繼續致力於該領域。」有非常深刻的體會，也深深感佩吳靜吉老師的良師風範。

　　回國至今已屆九載；真正從事創造力的相關研究與教學也已有九載。因此嘗試將這九年來的研究與教學心得集結成書。這本書探討了創造力教學與研究的過去、現在與未來發展狀況，並嘗試將創造力教學的理論與實務結合。就教學的角度而言，本書涵蓋的內容完整，從創造力教學與研究的起源、定義、最新的理論模式、影響因素（個人、家庭、學校）、教學設計、教學模式與策略、教學評量到未來發展的取向與趨勢都有精簡易懂的介紹。簡言之，本書有傳統也有創新、有理性也有感性，期能提供父母、教師與研究者一本較為完整的創造力教育參考書。

　　海明威曾形容巴黎是一個「可移動的饗宴」（moveable feast）。兩度到巴黎度假的經驗，對於海明威所言深有所感。行走在

巴黎街頭、漫步於塞納河畔，很自然地就感受到「生活即藝術，藝術即生活」的意境。《創造力教育白皮書》的願景是建構一個「創造力的國度」（Republic of Creativity, ROC）；希望在不久的將來，當我們漫步在街頭、悠遊於校園之際，能感受到「生活即創意，創意即生活」。套句雨果的話：「未來有很多名字；軟弱的人說，未來叫作不可能；信心不堅的人說，那是未知；思慮周到和英勇的人說，未來叫作希望。」我認為「創造力教學有很多名字；軟弱的人說創造力教學叫作不可能；信心不堅的人說，那是未知；思慮周到和英勇的人說，**創造力教學**叫作希望。」因此，我深信「創造力教學」的未來是充滿希望的，但前提是父母與教師都必須具備周到的思慮和勇於嘗試的勇氣。

如果說，
我在「創造力」教學與研究的領域有一點小小的貢獻，
那是因為我有幸在中小學時期，
碰到了開啟我智慧之窗的良師；
在進入學術領域後，
遇見了「吳靜吉」這位創意與心理大師；
在成長過程中，有雙親溫暖的呵護；
在遭受挫折時，有家人永遠的支持與鼓勵。

因此，這本書得以出版，我要特別感謝良師吳靜吉教授的提攜以及我最摯愛家人的支持。

葉玉珠　謹誌
2006 年 1 月於政治大學井塘樓

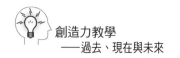

Contents 目錄

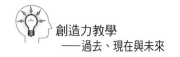

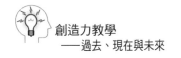
圖表目次

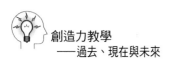
創造力教學
——過去、現在與未來

第一章
創造力教學的過去與現在

有了評價、創造，才會有超越性，
人生的旅途有了這些東西，才會有意義。
— 尼采（*Nietzsche*）—

本章首先介紹從過去到現在創造力研究取向與定義的七個演化階段，其次介紹創造力教學逐漸受到重視的事實與發展趨勢。針對創造力的發展議題：創造力是天生的、還是可以教的？本章也從發展心理學的觀點提出一些看法。

壹 創造力研究取向與定義的演化

自 Guilford 於 1950 年提出研究創造力的重要性之呼籲以來，創造力的研究在無數的行為科學界與教育學界的研究者攜手合作之下，已有相當輝煌的成就。但究竟何謂創造力？隨著時代的演化，創造力的研究取向不斷地被修正，而創造力的意義也隨之改變。早期的研究者認為創造力是「天才」的特質，其研究的焦點大多放在天才的人格特質以及天才是否為一種天賦等問題上；因此，此時創造力意味著神的恩典。但隨著心理計量學的發展，學者們逐漸將創造力視為 IQ 的表現，主張創造力需要一定程度的智力門檻。之後，

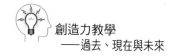

Guildford 的智力結構模式、Sternberg 的智力三元論,以及 Gardner 的多元智慧理論更跳脫了傳統單向結構的智力觀,認為智力應廣義地涵蓋創造力。近年來,創造力的研究已橫跨心理學各個領域,廣泛地包括認知歷程、個人特質、生涯發展與社會環境(Simonton, 2000)。

較早期的創造力研究不外乎從「四 P」其中一個向度來定義與探討創造力;此四 P 為歷程(Process)、個人特質(Personality)、產品(Product),以及壓力/環境(Press/Place)。近年來,大多數學者認為創造力是個人與環境交互作用的產物(Amabile, 1996; Csikszentmihalyi, 1999; Sternberg & Lubart, 1999; Gardner, 1988; Yeh, 2004;葉玉珠,2000)。因此,創造力的定義也就逐漸從單向度趨向多向度、從簡單的概念定義逐漸發展為複雜的理論模式。

回顧過去創造力研究取向的演化大致可分為下列幾個階段(Sternberg & Lubart, 1999):

一、神祕取向(Mystical Approach)

創意的個人被視為是原來是空無一物的容器,而後由神(上帝)注入靈感。

二、實用取向(Pragmatics Approach)

主要關心如何發展創造力,其次是如何了解創造力;對創意的效度是最不重視的。

三、心理動力取向(Psychodynamic Approach)

強調創造力是起源於意識和無意識之間的緊張關係,是自我防衛方式昇華作用的結果。

四、心理計量取向（Psychometric Approach）

視創造力為一種特質（trait）或認知能力（cognitive ability），透過因素分析的統計方法探究受試者在紙筆測驗上的表現，以了解創造力的內涵。

五、認知取向（Cognitive Approach）

嘗試了解創造思考的心理表徵及其心理歷程。強調創造力是一種認知的、理性的作用，尤其在解決問題時，常常要以智力做基礎，運用邏輯思考的方法，以達到創造性問題解決的目的。

六、社會人格取向（Social-Personality Approach）

著重於人格特質變項、動機變項及社會文化環境對創造力影響的探討。

七、匯合取向（Confluence Approach）

近年來的研究強調創造力是多重因素互動所產生的結果。較為知名的匯合取向模式包括Amabile（1983, 1996）的成分模式（componential model）、Gruber（Gruber & Davis, 1988）的演化系統模式（evolving system model of creativity）、Csikszentmihalyi（1996/1999, 1999）的三指標系統模式（three-pronged systems model）、Gardner（1993）的互動觀點（interactive perspective）、Sternberg與Lubert（1996）的投資理論（investment theory）。

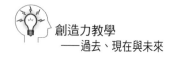

貳 創造力教學的發展趨勢

　　目前，就世界各先進國家的教育改革而言，雖然其強調的重點不盡相同，但發展學生的創造思考、批判思考及問題解決等高層次思考能力可以說是先進國家共同的潮流。傳統對於「文盲」（illiteracy）的看法是只能做基本的閱讀，但隨著科技與資訊的快速進步，只具有基本的讀寫能力是不夠的。Seif 在 1981 年就指出：資訊的爆炸發展可以說是人類史上最大的變革，為了有效因應目前這些及未來可能發生的變化，學校課程應該提供學生發展一些必要技能的機會；這些技能包括：擴散思考與聚斂思考、調查今日與明日的改變和問題、複雜及有創意的方式思考，以及分析、綜合、評鑑等能力（O'Tuel & Bullard, 1993）。

　　日本學者佐野良五郎基於臨床經驗，認為學力模式應包含「學力基礎」、「基本學力」和「發展性學力」，其中的「發展性學力」係以問題解決和創造思考等「思考力」為軸心（引自韓婉君，2001）。可見，創造力的培育是二十一世紀學校教育的理想目標。美國教育委員會（The Education Commission of the State）早在 1982 年即提出批判思考、創造思考、問題解決、決策、評鑑和分析技巧、應用、綜合，及溝通為「明日的基礎」（basics of tomorrow）（O'Tuel & Bullard, 1993）。美國加州大學 Santa Cruz 分校的「教育多元化與卓越化研究中心」（Center for Research on Education, Diversity & Excellence, CREDE）自 1998 年秋季即開始進行一項教師專業成長的研究計畫，這個計畫持續至 2001 年春季；這個研究計有 88 位教授參與。在其研擬的教師專業成長模式中，教學必須達到下列五項標準：共同創作活動（joint productive activities）、語文發展

（language development）、連結現實生活（contexualization）、挑戰性活動（challenging activities）、教學性會話（instructional conversation），其中挑戰性活動即包含了創造思考（Tharp, 1999）等高層次思考。此外，美國國家科學課程標準與西澳科學課程標準均將創造力的培養當作教育的重要目標之一。

在亞洲國家方面，香港和新加坡早就已經開始推動創造力教學。前新加坡總理吳作棟在1997年第十七屆「國際思考會議」上，提出未來的教育目標為：「思考型學校、學習型國家」（thinking schools, learning nation），而且自2000年以來，其教育部就積極推動相關的「工作計畫」，在小學中年級以上實施。香港的作法更為積極；在教育局統籌的課程改革短期目標（2001年至2006年）中，即明訂優先培養學生的共通能力（包括創造力、溝通能力、批判思考能力等），並將其融入現行科目或學習領域中，以提昇學生建構知識的獨立學習能力（商業週刊，2005，12月）。此外，香港中小學的科學課程綱要，也將創造力的培養當作教育的重要目標之一。

就國內創造力教育的受到重視與發展過程而言，1996年行政院教改會公布之《中華民國教育改革總諮議報告書》提出「多采多姿，活潑創新」之現代教育方向，為創造力教育時代拉開序幕。之後，除了經濟部與國科會積極推動一系列之創造力相關研究外，社會各界也不斷推出各項激發創造力發展之競賽活動；例如，在「科技化國家推動方案」、「知識經濟發展方案」、「新世紀人力發展方案」以及「第六次全國科技會議」中，創造力與創新能力均為重要的議題。近年來，《教育改革總諮議報告書》、國民教育階段九年一貫課程綱要總綱、《台北市資優教育白皮書》、《中華民國人文社會科學白皮書》、國家科學技術發展計畫、全國教育評估指標，以及《大學教育政策白皮書》等，也都有關於創造力教育的政策宣示與規畫。

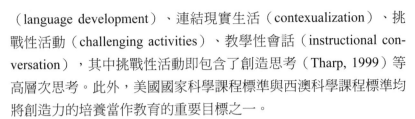

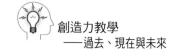

　　有鑑於創造力教育的重要性，目前國內正在推行的九年一貫課程，在其「課程綱要總綱」中也強調培養欣賞、表現、審美及創作能力為重要之課程目標。而為能打造一個創造力國度（Republic of Creativity, ROC），教育部顧問室自 2000 年起陸續推動「創造力與創意設計教育師資培訓計畫」、「創造力教育 91～94 年度中程發展計畫」，並於 2002 年底完成《創造力教育白皮書》。《創造力教育白皮書》草案中包含六個行動方案，即創意學子栽植列車、創意教師成長工程、創意學校總體營造、創意生活全民提案、創意智庫線上學習、創意學養持續扎根。此外，為了配合當前九年一貫之教育政策與各項教改目標，《創造力教育白皮書》之施行範圍含括從幼稚園到大學各教育階段，採全方位觀點將創造力教育融入各生活層面，並分別制定合乎創造力教改主軸之政策原則。創造力白皮書理想中的創造力國度係由個人、學校、社會、產業與文化等五大主體組成，其五大願景為（教育部，2002）：

一、 培養終身學習、勇於創造的生活態度。
二、 提供尊重差異、活潑快樂的學習環境。
三、 累積豐碩厚實、可親可近的知識資本。
四、 發展尊重智財、知識密集的產業形貌。
五、 形成創新多元、積極分享的文化氛圍。

　　其中，個人層面和學校層面與學校教育有最密切的相關。個人層面強調：以個體知識為基礎，以關懷生命為前提，期能活化全民的創造力潛能、提昇解決問題能力，以及發展多元技能，從而開創豐富多元的自我價值。在學校層面，則強調以經營創新的學習環境與活潑的教學氛圍為主體工程，以提昇教育視野並發展各校特色；讓包容與想像力無限延伸，營造尊重差異，欣賞創造之多元教育學習環境。此外，《創造力教育白皮書》草案中包含六個行動方案，包括創意學子栽植列車、創意教師成長工程、創意學校總體營造、

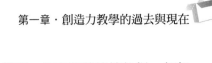

創意生活全民提案、創意智庫線上學習、創意學養持續扎根，每年每個行動方案補助一千萬，全力推動創造力的培育與文化氛圍的形成。可見，創造力教育在國內已受到相當的重視。

參 創造力可以教嗎

既然創造力教育如此重要，下一個問題你可能要問的是：創造力可以教嗎？創造力是天生的嗎？還是可以經由學習來改善？究竟什麼因素會影響創造力的發展？這是一個在探討人類心理與認知發展時，常常會產生的爭議性問題：到底是生育（nature）還是養育（nurture）影響比較大。「生育」意指基因的影響，「養育」則意指環境的影響。經過數十年的爭論，心理學家的共識是：人類的心理與認知發展受到基因與環境互動的影響。創造力是心理特質，同時也是認知能力，因此，創造力的發展也應該是基因與環境互動的結果。

Sternberg（2000）認為創造力是遺傳基因和環境的交互作用，是可以改善的能力。若從基因決定論者的觀點來看，創造力完全是天生的，是後天的努力無法改變的；反之，環境決定論者認為創造力的發展與展現，完全是後天努力的成果，生下來是不是有創意並不重要。這兩種觀點似乎都過於極端，尤其是前者，如果真的是這樣，那麼我們談創造力教學不就是多此一舉了嗎？而且這樣的觀點也與事實不符。反過來說，如果說基因一點都不重要也不對，因為基因會設定一個發展的門檻。例如，一個孩子有一百六十公分的基因，就算成長的環境再好，也不可能長到二百公分（除非基因突變），但是他／她如果營養很好又喜好運動，可能可以長到一百八十公分。儘管基因對創造力的發展有一定程度的影響，但筆者要特

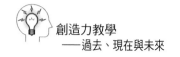
別強調的是「創造力是可以教的」，誠如 Sternberg（2000）所言：創造是可以改善的能力。對於父母與教師而言，這樣的信仰勝過一切，因為如果你認為創造力不能教，你就不會努力嘗試提供孩子最好的學習環境，幫助孩子發展創造力的潛能，而你的孩子可能因而喪失天生的創造力或增進創造力的機會。

人類創造潛能的發揮，不但促進整個人類文明的發展，更豐富了個人的生命價值，誠如哲學家尼采所言：「有了評價、創造，才會有超越性，人生的旅途有了這些東西，才會有意義。」創意有大創意（大 C）與小創意（小 C）之分。大 C 指的是對人類文化文明的進步有較大貢獻的創意，例如愛迪生發明電燈、愛因斯坦提出相對論；小 C 比較是對個人生活品質與層次提昇的創意，例如把廢物變成裝飾品、創作一個小小的藝術品。從大 C 與小 C 的觀點來看，大 C 的產生似乎需要有一定程度的基因或是智力，而小 C 的產生應該是普通一般人都可以學習達成的。Sternberg 和 O'Hara（1999）指出：具有大 C 的高創造力者，其智力的門檻大約為 120，例如莫札特為 165、達爾文為 165、牛頓為 190、歌德為 210。但值得注意的是：高智力的孩子不一定會有高創造力，因為智力是創造力表現的必要條件，而非充分條件。因此，父母或學校教師不能有此錯誤概念，誤以為孩子的智力很高，就一定很有創造力，不需要特別的栽培，使得孩子的創意學習因而被忽略了。簡言之，創造力是可以提昇的，但提昇的程度視個體的基因（生育）與環境（養育）互動的結果而定。

肆 結語

最近，筆者（葉玉珠，2000）從匯合取向的觀點，融合發展心

理學的理論，提出「創造力發展的生態系統模式」。此模式強調影響創造力發展的因素包含四個生態系統：小系統（microsystem）、中系統（mesosystem）、外系統（exosystem）、大系統（macrosystem）。小系統係指個人特質，中系統係指家庭及學校環境，外系統係指工作的組織環境，大系統係指社會文化及價值體系。其中，小系統（個人特質）及中系統（家庭及學校環境）對於學生（尤其是中、小學學生）的創造力有較為直接的影響；許多研究也發現個人特質、家庭及學校環境為影響創造力發展的主要因素（葉玉珠，2000；Cheng, 1999; Csikszentmihalyi, 1996/1999; Gardner, 1993; Hale & Windecker, 1992; Michel & Dudek, 1991; Olszewski, Kulieke, & Buescher, 1987; Simonton, 1988; Torrance & Goff, 1990; Walberg, 1988; Yeh, 2004）。因此，本書主要是著重於小系統與中系統對於個體創造力發展的影響之介紹與分析，期使教師與家長能了解孩子的個人特質，以提供適當的期望與環境，幫助孩子發展創造潛能。最後，創造力國度的理想，應該是達到「人人有創思、處處皆創意」的境界，使得我們的「生活即創意、創意即生活」。

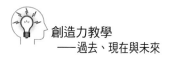

第二章
創意的產生與創造力的涵義

創意的產生，
應該是 70%的努力與經驗，
20%不同凡想的認知與勇氣，
以及 10%的靈機一現。

　　本章首先釐清創意與創造力的關係，其次介紹創造力的產生來源與定義。針對創造力的定義，本章除了介紹學者們不同角度的看法之外，也針對「創造力發展的生態系統模式」等六種較為知名的創造力匯合模式理論做進一步的詮釋。

壹 創意與創造力

　　在談創意的產生前有必要對「創意」與「創造力」的定義做個簡單的釐清。如果你早上起床刷牙，發現停水了，你便要立即解決這個「事件」，而解決這個事件所產生的對策，即是「創意」。因此，在人類的各種活動中，那些不需要創意的活動稱為「日常生活活動」，而需要特別創意的活動稱為「創造」。創造的活動包含許多因素，我們可將「創造」定義為：將未知因素的慾望予以具體化的行為（Doku, 1999/2000）；可見，創造並不限於發明或藝術作品

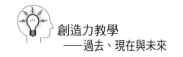
的創作上，只要是對個人具有新的價值的事，均可稱為創造。簡言之，「創造力」即是產生創造行為的能力表現。那「創意」又是什麼呢？「創意」就是將「創造」具體化的手段；亦即，凡是為了達成目標或解決問題所得到的想法就是創意（Doku, 1999/2000），而當目標得以達成或問題得以解決時，就是一種創造。

可見，創意與創造二者的關係密不可分，產生創意可以說是產生創造力的必經過程，也就是說創意是創造力的必要條件，但創意的出現並不保證創造力的產生，因為創造力的產生除了要有創意之外，還必須要有其他因素的配合，例如，將創意執行的能力與動機。

貳 創意的產生

有關創意是如何產生的，有許多不同的說法，但常常會被討論的問題是：創意的產生是靈機一動、突然出現的？還是需要一段時間的醞釀？在古代水手的傳說中，有所謂「魔島」的存在。他們記錄說，根據航海圖的指示，這一帶原來應該是一望無際的汪洋，但卻突然冒出一道環狀的海島。有些研究者因而主張一個觀點或是一個主意的產生有時候也像魔島一樣，突然在腦海中浮現。但後世科學家的發現，卻推翻了這樣的看法。這些科學家發現，這些「魔島」實際上是無數的珊瑚，經年累月在海中成長，最後才浮出水面的。因此，有些學者認為創意點子的形成就像「魔島」的浮現，它們是在人類潛意識中，經過無數的孕育才發展出來的（詹宏志，1998）。

通常，在創意產生的過程中，會產生「構思」，無論是靜坐冥想（靜的構思）或是到處去尋找創意的來源（動的構思），都是屬於構思；但若要產生創意，「動的構思」就顯得格外重要，因為動

的構思可以促使我們不斷地接受外來的刺激與激發各種不同的想法，進而產生創意。廣義來說，靈機一動所產生的想法或是經過構思所產生的想法都可以算是創意（Doku, 1999/2000），但要產生對人類文明進步有較大貢獻的創意（即大 C），通常是需要一段構思期的。然而，不管是靈機一動的創意或是經過構思的創意，都可能在潛意識中經過一段時間的醞釀，只是醞釀時間長短不同。

姑且不論創意大小，常見的創意產生方式可能有下列四種（詹宏志，1998）：拼圖遊戲、巴列托法則、階段再定義、改變用途。茲分述如下：

一、拼圖遊戲

就拼圖遊戲的角度來看，創意就是把不相干的事物組合在一起。例如：

(一)隨身聽＝走路＋音響

(二)果汁汽水＝果汁＋汽水

(三) Hi-Fi 電視＝高傳真音響＋電視

(四)音樂卡片＝音樂＋卡片

另外，不協調的組合或明顯不適當的拼圖可能產生幽默的創意效果。例如：大家都知道香港演員洪金寶是屬於微胖型的，但是動作卻非常靈活矯捷。因此，電影中常藉由他動作與體態的不協調，來產生逗趣的效果。

二、巴列托法則

巴列托法則（Pareto theory）意指「創意」就是舊元素的新組合。巴列托認為世上有兩種人：收租者（renter）與「投機者」（speculator）。投機者永遠「專注於各種新組合的可能」，因而可以產生創意。他們可能問一些奇怪的問題，例如：

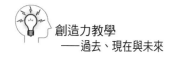

㈠「雜誌可以像一本書一樣持久嗎？」：這個問題使得日本首創雜誌書（*Mook*），即將書與雜誌的特性結合。後來，台灣的《大自然雜誌》也仿照這樣的作法。

㈡「中菜可以西吃嗎？」：這就是為何會有自助餐的產生；自助餐即結合中餐的美味與西餐的情調和衛生。

三、階段再定義

階段再定義即是用新的眼光來看待舊的事物，以產生創意。而通常再思考與認知改變是此類創意的重要來源。例如年代錄影帶從節目的「生產者」變成節目的「提供者」；百貨公司不再只是購物的地方，它已經成為休閒娛樂及參觀展覽、發現新奇事物之處了。

四、改變用途

《莊子・逍遙遊》中有一則「不龜手之藥」的記載：「宋人有善為不龜手之藥者，世世以洴澼絖為事。客聞之，請買其方百金。……客得之以說吳王。越有難，吳王使之將，冬與越人水戰，大敗越人，裂地而封之。」（引自詹宏志，1998，p. 54）。創意的產生，常常就是很簡單地改變原有的用途，例如把杯子當筆筒，把光碟片當隔熱墊。

參 創造力的定義

創造力是個很複雜的概念，研究者往往因研究興趣或取向的不同而對創造力有不同的定義。過去有關創造力的研究不外乎從下列「四 P」來探討：歷程（Gallagher, 1975; Torrance, 1988）、個人的特質（Feldhusen, 1995; Mellou, 1996; Oldham & Cummings, 1996;

Siau, 1995）、產品（Amabile, 1997; Sternberg & Lubert, 1996），以及壓力／環境（Amabile, 1988; Amabile, Conti, Lazenby & Herron, 1996; Oldham & Cummings, 1996）。歷程的觀點著重於分析產生創意的過程與階段；個人特質的觀點著重於探討高創造力者應具備的人格特質；產品的觀點著重於界定創造性產品的標準；而壓力／環境的觀點則著重於探討壓力或環境對創造力發展的影響。最近則有學者主張從多向度及動態發展的觀點來探討創造力（Lubart & Getz, 1997; Runco, 1996; Runco & Walberg, 1998）；此一觀點強調的是多重因素間的互動。例如：Lubart 與 Getz（1997）認為創造力是人格特質、動機、社會環境和認知統整後的表現，而情緒和情意變項則是創造力的潛在關鍵變項。

　　以下將首先對創造力的「四 P」及多項度的觀點，略舉二、三例說明創造力的定義，接下來再介紹近二十年來較負盛名的創造力理論模式及影響創造力發展的因素。最後，筆者綜合過去的理論與研究發現，提出「創造力發展的生態系統模式」。

一、歷程的觀點

　　早期的研究多從「歷程」的觀點研究創造力。Gallagher（1975）根據 Wallas（1926）所提出的創造歷程四階段理論，進一步定義每一階段所須具備的思考運作及要素，其定義如表 2-1。Torrance（1988）則認為「創造思考」包含下列幾個階段：(1)覺知問題或困難。(2)對於問題做出猜測與假設。(3)評鑑假設並加以修正。(4)溝通結果。

　　Osborn 則早在 1960 年代即提出創造性問題解決模式（creative problem-solving model）；在此一模式中，Osborn 詳細定義了創造性問題解決的步驟（引自 Starko, 1995）。後來，Treffinger 與 Isaksen（1992, 2001）修正了 Osborn 的模式並提出以下的創造性問題解決

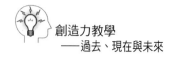
表 2-1：Gallagher（1975）所提出的創造歷程四階段理論

階　　段	思　考　運　作	要　　　　素
準備期	認知記憶	好學、維持注意力
醞釀期	個人思考	智能的自由
豁朗期	擴散性思考	冒險、容忍失敗及曖昧
驗證期	聚斂性思考、評鑑思考	智能的訓練、邏輯推論

步驟：(1)發現混亂（mess-finding）。(2)尋找資料（data-finding）。(3)發現問題（problem-finding）。(4)尋找想法（idea-finding）。(5)尋找解決方案（solution-finding）。(6)尋求接受（acceptance-finding）。其中發現混亂、尋找資料與發現問題為「了解問題」（understanding the problem）成分，尋找想法為「產生主意」（generating ideas）成分，尋找解決方案與尋求接受為「計畫行動」（planning action）成分。

　　最近，Ward、Smith 與 Finke（1999）從認知取向提出「產出探索模式」（geneplore model），此模式包含產出（generative）和探索（exploratory）兩個階段，而創新前的架構（preinventive structures）在發現和探索創意的過程中扮演非常重要的角色。他們認為在創造思考的過程中，必須先建構內在表徵以作為發明前的結構，之後在探索過程中，再依據此結構來引發聯想、分析、綜合、遷移等創意想法。

二、人格特質的觀點

　　1950 年 Guilford 在擔任美國心理學會主席時發表了一場演說，演說中他呼籲心理學家應重視創造力（尤其是創造性人格）的研究。自此之後，從「人格特質」的觀點研究創造力即主導了創造力研究的方向，尤其是在過去三十年，創意者的人格特質一直是創造

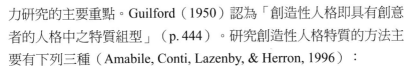
力研究的主要重點。Guilford（1950）認為「創造性人格即具有創意者的人格中之特質組型」（p. 444）。研究創造性人格特質的方法主要有下列三種（Amabile, Conti, Lazenby, & Herron, 1996）：

㈠研究眾所周知的創意個人之傳記或自傳，以定義其獨特的智能和人格特質。

㈡在實驗室中研究一個或少數具有創造力者，以了解創造力能力的個別差異。

㈢對一班樣本施以人格、智能和創造力測驗，藉由比較創造力的高分者和低分者，以了解個別差異；此為最常用的方法。

三、產品的觀點

Jackson 和 Messick（1965）認為創造性產品必須符合下列條件：

㈠在常模的脈絡中是不尋常的、不恰當的，而且產生令人驚奇與滿足的效果。

㈡必須超越傳統的限制並產生新的型式，而不僅是改善舊有的事物。

㈢必須具有「創造性壓縮」（creative condensation）的特性，即創造性的產品應兼具簡單性與複雜性。

Perkins（1988）則認為創造力應包含下列兩層意義：(1)創意的結果應是獨創（original）與適當的（appropriate）。(2)一個具有創造力的人是不斷產生例行創意結果的人。Sternberg 與 Lubart（1996）也認為創造力是產生新奇與適當產品的能力。此外，Amabile（1997）則認為一項有創造力的產品必須是新奇的、適切的、有用的、正確的和有價值的。可見，獨創（或新奇）與有價值（或是適當、有用）是創意產品的重要指標。

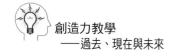
四、環境／壓力的觀點

綜觀 1980 年代以前的創造力研究，僅少數的研究者注意到特殊社會和物理環境對創造力的影響。因此，Amabile（1988）呼籲發展「創造力的社會心理學」。許多研究已發現環境因素對創意產品的產生深具影響力（Amabile, 1988; Amabile et al., 1996; Oldham & Cummings, 1996）。

Oldham 和 Cummings（1996）發現當員工處於具有兼具複雜性及挑戰性的工作情境中，而且主管人員是抱持支持的態度時，員工最能產生富有創意的產品。Mellou（1996）也指出創造力的展現需要來自於環境的刺激，如同儕的接觸、父母的同意與接觸，以及足夠的時間與空間。

五、多向度的觀點

Ripple（1989）認為創造力起源於人們在實際的生活情境中遭遇問題時，為了解決問題所產生的獨特方法。他認為創造力的本質是多向度的；有創意的行為必須是原創的、新奇的，而此行為的調適則與問題解決有關。Runco（1996）也認為創造力是一種適應（adaptation）的表現；它涉及多種能力的運用，包括經驗的轉換、個人的主觀詮釋、動機性的決策、知識與經驗的運用等。

最近，許多學者強調創造力是多重因素互動的結果，而且情緒和情意變項有很大的影響，例如 Lubart 與 Getz（1997）認為創造力是人格特質、動機、社會環境和認知統整後的表現，而情緒和情意變項則是創造力的潛在關鍵變項。情緒可能是引發創造動機的驅力，可以使創造者處於高度覺醒（awareness）的狀態，也可能引出有助於創意思考的特殊概念。

從上述的定義發展可發現，學者們對創造力的定義已由單向度

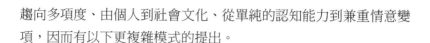

趨向多項度、由個人到社會文化、從單純的認知能力到兼重情意變項，因而有以下更複雜模式的提出。

肆 創造力的理論模式

一、Amabile 的成分模式

Amabile（1983）從「產品」的角度定義創造力，並提出創造力的成分模式（componential model）以作為社會心理領域研究創造力的理論基礎。根據 Amabile 的看法，所謂創造力的表現即是經過專家評定為有創意的反應或工作的「產出」。她認為創意產品的誕生至少必須仰賴三個基本成分：

（一）領域相關的技能（domain-relevant skills）：領域相關技能構成創造的準備狀態。

（二）創造力相關的技能（creativity-relevant skills）：創造力相關技能關係著對訊息反應的搜尋。

（三）工作動機（task motivation）：一個人工作動機的高低，會影響其在領域相關技能和創造力相關技能上的學習與準備，也會影響其創造過程中對任務的認知與對訊息的搜尋，而創造的結果也會回過頭來影響一個人的工作動機。

後來，Amabile（1996）修正其成分模式並加入「社會環境」的成分（見圖 2-1）；此「社會環境」係指組織環境。她強調支持的社會環境會直接影響內在動機（intrinsic motivation）及統合外在動機（synergistic extrinsic motivation），進而影響創造歷程。根據 Amabile 的看法，統合外在動機與一個人的自我抉擇感（sense of self-determination）有關，它可與內在動機結合並產生正面效果。統

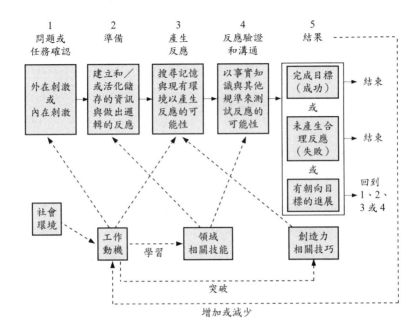

註：引自 *Creativity in context,* by T. M. Amabile, 1996, p. 113. Boulder, Colorado: Westview Press.

圖 2-1：Amabile 修正後的創造力成分模式

合外在動機的促發者如：肯定能力表現但不具控制意味的獎勵，以及能使個體主動從事喜愛工作的獎勵。

此外，Amabile（1996）認為產品的創意是透過環境脈絡的襯托才得以凸顯。由於所關心的焦點是「產品是否有創意」的影響因素，Amabile 在創造力的評量上強調「產品或可觀察的反應才是創造力最終的證明」。因此，不同領域的產品必須由熟悉該領域的專家來評斷產品創意的高低，並發展一套評量產品創意的方法，此一方法即「共識評量」（consensual assessment）。

二、Gruber 的演化系統模式

Gruber 曾於 1981 年出了一本書：《達爾文論男人：一個研究科學創造力的心理學研究》（*Darwin on Man: A Psychological Study of Scientific Creativity*），之後他陸續以個案研究的方法進行了一些研究，以了解高創造力者的創造歷程（Gruber & Davis, 1988），並提出創造力演化系統模式（evolving system model of creativity）。創造力演化系統模式有下列三個特徵：

㈠發展與系統的：此模式視創造力為隨時間而不斷發展的，而且受到目的和機會的影響。

㈡複雜的：此模式試圖從高創意者的作品找出其洞察力（insight）的發展歷程。

㈢互動的：此模式認為創造力的活動是動態的，它受歷史脈絡、人際關係及專業合作的影響。

從其個案研究中，Gruber 和 Davis（1988）提出以下結論：

㈠創造力活動需要很長一段時間的醞釀。

㈡創意的演化受個人專業知識、動機、情緒及環境的影響。

㈢創造的過程是一個「非停駐於問題原點的過程（nonhomeostatic process）」；高創意者尋求解決問題以外的成就感與挑戰性，他們要的不只是問題的答案，他們更想追求的是此答案所導出的問題。

三、Csikszentmihalyi 的三指標系統模式

Csikszentmihalyi（1996/1999）從演化的觀點來詮釋創造力，他認為「選擇」（selection）和「變異」（variation）是演化的兩個最重要機制。據此，Csikszentmihalyi（1990）提出三指標系統模式（three-pronged systems model），這三個指標系統為：個人（individual）、領域（domain）、學門（field）。Csikszentmihalyi 認為創造力不是獨特人物或產品的某種特徵，而是個人、產品和環境互動的結果。在此模式中，個人從所處文化中所獲取的訊息會產生一些變異（variation），而這些變異的產生可能源自於個人認知的變通性、動機或是不尋常的生活經驗。Csikszentmihalyi（1999）更進一步指出，根據創造力為個人、領域、學門三個因素交互作用的觀點，創造力是一種改變，或是更新現存領域的行動、想法、產品等；然而值得注意的是，領域的改變若缺乏學門的呼應是行不通的。簡言之，欲產生創造力，一些規則和經驗必須從領域傳遞到個人，然後個人必須在領域的內涵中產生新奇的變異，而這些變異必須經過學門的篩選才能進到領域（見圖 2-2）。有關個人、領域、學門的意義，簡介如下。

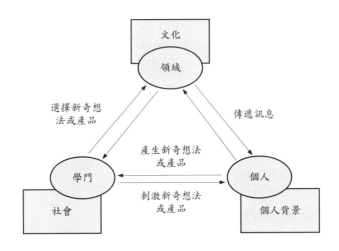

註：引自 Implications of a systems perspective for the study of creativity, by M. Csikszentmihalyi, 1999, p. 315. In R. J. Sternberg (Ed.), *Handbook of creativity.* New York: Cambridge University Press.

圖 2-2：Csikszentmihalyi 的三指標系統模式

(一)個人

Csikszentmihalyi 認為若要產生改變文明的創造（大 C），個人必須先透過學習的歷程，將領域知識、符號系統、規範、判準等內化，才能避免盲目變異的陷阱。他指出與創造力有關的個人重要成分為：(1)將系統內化（internalizing the system）：個人在心中複製系統，包含領域的規則與內容、選擇標準、學門的偏好等。(2)動機：個人必須能在探索過程中感到「樂在其中」，此即為「心流經驗」（flow experience）；心流經驗能將個人的能力推展到極限，成為追求向上攀升的內在動機。

(二)領域

領域係指知識系統與象徵符號系統，而文化就是這些不同的知識系統所組成的。因此，個體要能產生創造產品，必須學習與具備領域的知識與技能。此外，領域知識在文化或領域是否能不斷進化，「創造」扮演關鍵的角色，而領域知識是否能保存並傳承給下一代則與其「可接近性」（accessible）和「可取得性」（available）有關；「可接近性」指的是個體是否易於接近文化或領域知識，「可取得性」指的則是這些領域知識是否易於學習與獲得。

(三)學門

學門是屬於某一領域的社會組織，其中包含了領域中的專家、批評者、有成就的先驅等，而這些人通常負責判定此一社會組織中個人的理念與產品，是否足以成為該領域中有價值的創造；因此，這些人也被稱為「守門人」（gatekeeper）。守門人以領域中所獲得的共識標準對個人所提出的新觀念或新產品進行批判，當該新觀念或新產品被判定為具有創意時，即形成該領域中的知識或產品。因

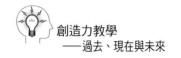
此，對科學家而言，領域中主流的學會或各種獎項的評審委員（例如諾貝爾獎、科學獎、學刊的編審等），就成了科學家的守門人；對藝術創作者而言，藝術批評家、藝術教師、藝廊負責人等，就是藝術創作者的守門人；對於學校學生而言，教師則是其主要守門人。

Csikszentmihalyi 並認為創造力必定是在某個特定的專業領域中所產生的，因為創造力的產生需要以特定領域的專業知識為基礎。例如，一個劇作家如果沒有傳統戲劇及腳本寫作的知識，絕不可能寫出有創意的劇本。此外，一個學門或一個特定領域的社會結構有變異性的存在也是很自然的，因為此領域的成員可能會影響此領域的社會結構。例如一個劇場是由戲劇教師、觀眾、導演、演員等所組成的，一個「被認為」有創意的劇作家必須能在這個組織結構中取得一個平衡點。當然，創意不見得能被立即接受，但隨著時間逝去，創意終究是會被接受的。

四、Gardner 的創造力互動觀點模式

植基於 Csikszentmihalyi 的創造力模式，Gardner（1993）提出一個創造力的「互動觀點」（interactive perspective）模式。Gardner 認為「有創造力的個體是一個能經常性地解決問題、產生產品，或能在一專業領域中定義新問題，而此一定義是在一特定的文化脈絡中起初被視為新奇而最後被接受的。」（Gardner, 1993, p. 35）他同時也認為產生創造力的專業領域往往受創造者的智能、個人特質、社會支持和領域中的機會所影響。

因此，在其創造力的「互動觀點」模式中，他特別強調個人（individual）、其他人（other persons）和工作（the work）三者間互動的重要性。「工作」指的是學科領域中的相關象徵系統。在孩童時代，影響個體之個人創造力的「其他人」主要是家庭及同儕；

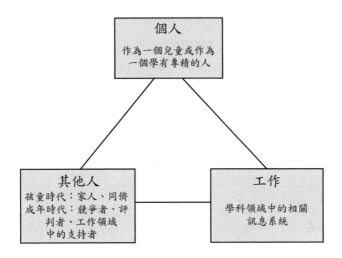

註：引自 *Creating minds*, by H. Gardner, 1993, p.9. New York: Basic Books.

圖 2-3：Gardner 的創造力互動觀模式

而當個體成為一個學有專精者時，影響其個人創造力的「其他人」則主要為競爭對手、評判者和同行中的支持者（見圖 2-3）。

在 Gardner（1993）針對許多傑出人才的研究中，他發現不同領域的創造力表現有極大的差異，但他也發現具有創造力者通常能以較有效且有彈性的方法運用其認知歷程；有創造力者的生活方式似乎與常人不同——他們通常會沉浸於其工作當中。Gardner 發現高創造力者通常會投入下列五種活動：(1)解決特定問題。(2)一般概念基模的延伸引用。(3)創造一個產品。(4)產生風格性的表現。(5)願意冒高度危險以成就富有創意的表現。

五、Sternberg 的投資理論

Sternberg 與 Lubert（1996）提出創造力的「投資理論」（investment theory）。此一理論認為個體必須「買低賣高」（buy low

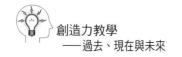

and sell high）以成就創造力；也就是說，個體應該追求新奇或不受歡迎的觀點（買低）以增加產生創意產品的可能性（賣高）。根據投資理論，創造力的表現需要六種不同但卻互有關聯的資源之匯集，此六種資源為智識能力（intellectual abilities）、知識（knowledge）、思考風格（thinking styles）、人格特質（personality）、動機（motivation）、環境（environment）。

Sternberg 和 Lubert（1996）認為，對於創造力的表現而言，有三種智識能力格外重要，而且這三種能力必須同時並存方能產生創造力。此三種能力為：

㈠綜合能力（synthetic ability）：即以新方法看待問題的能力。

㈡分析能力（analytic ability）：即確認一個人的觀點是否值得追求的能力。

㈢實際脈絡能力（practical-contextual ability）：即知道如何說服他人接受個人認為有價值的主意之能力。

此外，Sternberg 和 Lubert（1995/1999）認為一個人必須具備足夠的專業領域知識，方能在思考上有所突破。至於思考風格，Sternberg 從心智自我管理功能觀點，將思考風格分為三種：行政型（executive）、立法型（legislative）及司法型（judicial）；並從心智自我管理層次的觀點，將思考風格分為整體型（global）與局部型（local）。茲將這五種思考風格的主要特徵簡要說明如下：

㈠行政型（executive）：喜歡什麼都定義得非常清楚的情況；喜歡照著指示去解決問題。

㈡立法型（legislative）：進行一個主題計畫時，喜歡計畫如何去進行；喜歡沒有結構或很少結構的工作或問題。

㈢司法型（judicial）：喜歡做可以評估別人的工作；喜歡可以表達自己意見的工作。

㈣整體型（global）：喜歡做不需要注意細節瑣事的工作；在做

決定時，通常不會考慮細節。

㈤局部型（local）：喜歡做需要處理細節的問題；當寫文章時，喜歡集中注意在一件事上，反覆推敲，直到所有疑點都解決

Sternberg 和 Lubert（1995/1999）認為立法型的思考風格對於創意表現是非常重要的，而欲成為一個傑出的高創意者，同時具備見林與見樹的功夫更是不可或缺的（think globally as well as locally）。

再者，具備某些人格特質對創造力的運作也是必要的，如願意克服障礙、願意忍受曖昧情境、願意冒險、具有自我效能等；然而，要能夠買低賣高，通常要有「不同流」（defying the crowd）的勇氣。就動機而言，內在動機及工作導向（task-focused）的動機對創意產品的產生是絕對必要的。最後，創造力的產生需要一個支持及有回饋機制的環境（Sternberg & Lubert, 1996）。

伍 創造力發展的生態系統模式

筆者（葉玉珠，2000）綜合過去創造力的定義與模式，認為創造力乃個體在特定領域中，產生一個在所處的社會文化脈絡中具有「原創性」與「價值性」的產品之歷程；亦即創造性產品乃為個體的知識、意向（dispositions）、技巧與環境互動的結果。個體的知識（含經驗）、意向（含態度、傾向、動機、承諾）、技巧／能力均屬於個人特質，而家庭教育、學校教育、組織環境及社會文化體系則為影響創造力發展的主要環境因素（見圖 2-4）。

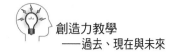

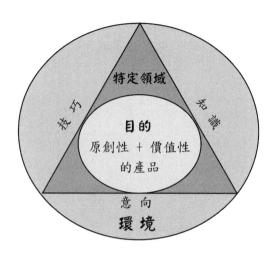

圖 2-4：創造力的定義

　　引用發展心理學領域所提出的生態系統理論中的系統名稱及基於此一創造力定義，筆者（葉玉珠，2000）提出了「創造力發展的生態系統模式」（the ecological systems model of creativity development）。生態系統理論（ecological systems theory）是由發展心理學家 Bronfenbrenner（1979）所提出，用以解釋人類發展的理論。他認為兒童是在一個關係非常複雜的系統中逐漸發展的，而這個系統又包含了下列四個子系統：⑴小系統（microsystem）：包含兒童個體的立即接觸環境。⑵中系統（mesosystem）：著重於小系統間的互動。⑶外系統（exosystem）：沒有包含兒童本身，但卻影響他們經驗形成的環境。以及⑷大系統（macrosystem）：影響經驗形成的價值、法律、社會習俗等。筆者認為創造力也是在一個多層面的複雜系統中所產生的，此一系統中包含了小至個人，大至社會文化體系等因素。

　　引用 Bronfenbrenner 在生態系統理論中的四個系統名稱——小

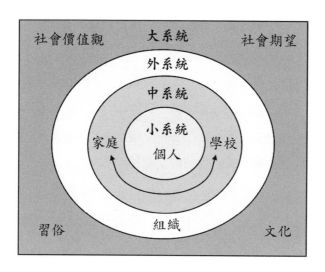

註：採自「創造力發展的生態系統模式」及其應用於科技與資訊領域之內涵分
　　析，葉玉珠著，2000，教育心理學報，**32**(1)，103。

圖 2-5：影響創造力發展的生態系統

系統（microsystem）、中系統（mesosystem）、外系統（exosys-
tem）及大系統（macrosystem），筆者從一個成熟的個體之創造力
發展的觀點，將這四個生態系統的意義重新詮釋如圖 2-5：

一、小系統

　　小系統包含個體與生俱來以及學習而得的特質，如知識、經
驗、智能、意向、技巧／能力等，這些特質為產生創造性產品的必
要條件。

二、中系統

　　中系統包含個體成長的家庭及學校環境（包含正式與非正式學
校教育）環境；此系統會與小系統互動並影響小系統中個人特質的

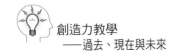

展。但隨者年齡漸長,中系統的影響可能變成間接影響,且其影響力會漸減。

三、外系統

外系統包含與個體工作有關的組織環境(包含個體所處的組織環境與專業領域的社會組織中之人、事、物);此系統會與小系統產生互動而直接或間接影響個體創造性產品的產生。

四、大系統

大系統包含個體所在社會的文化、習俗、社會價值觀、社會期望等;此系統除了會影響前述三個子系統的發展外,更會影響創造性產品的評價。

就創造性產品產生的歷程而言,葉玉珠(2000)從訊息處理的

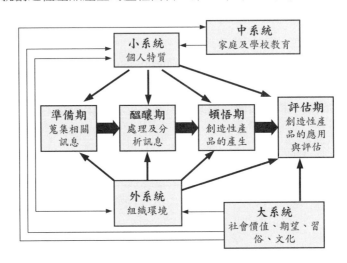

註:採自「創造力發展的生態系統模式」及其應用於科技與資訊領域之內涵分析,葉玉珠著,2000,**教育心理學報**,**32**(1),103。

圖 2-6:創造力發展的生態系統模式

觀點，引用 Wallas（1926）四個創造歷程的名詞，對創造歷程的內涵重新加以定義。她認為創造歷程應包括下列四個步驟：(1)準備期：蒐集相關訊息。(2)醞釀期：分析及處理訊息。(3)頓悟期：創造性產品的產生。(4)評估期：創造性產品的應用與評估。創造力發展的生態系統與創造思考歷程的關係如圖 2-6。

　　由圖 2-6 可看出此一模式是動態發展的。小系統與外系統會產生互動並直接影響四個創造歷程，中系統與大系統則對四個創造歷程有間接的影響，但大系統對創造性產品的評估也具有直接的影響力。

陸 結語

　　Mayer（1999）整理五十年來創造力的研究發現，大部分作者認為創造性產品必須具有兩大類的特徵：獨創性（originality）與有用性（usefulness）。與獨創性有關的用詞包括新穎（new）、新奇（novel）、獨創（original）等；與有用性有關的用詞包括有價值（valuable）、適切（appropriate）、重要（significant）、適應（adaptive）、有效（utility）等。獨創性與有用性與演化論中的變異與選擇有關。獨創性為變異，有用性則為選擇；聯合「新穎與價值」兩大向度以及「個人或社會文化層次」的考量，可以對「創造」形成一個漸進性的定義，並將創造力的發展分為四個階段（見表 2-2）（教育部，2002）：

一、階段一（1）：創造一些對自己來說是新穎的、非習慣性的產品。

二、階段二（1＋2）：創造一些對自己來說是新穎的、非習慣性的、個人所珍視的產品。

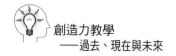

創造力教學
——過去、現在與未來

表 2-2：創造性產品的漸進性定義

	新　穎	有　價　值
個人層次	(1)非習慣性的產品	(2)個人珍視的產品
社會文化層次	(3)非傳統性的產品	(4)社群珍視的產品

註：採自創造力白皮書（小學），教育部著，2002，頁6。台北：教育部。

三、階段三（1＋2＋3）：創造一些對自己來說是新穎的、非
　　習慣性的、個人所珍視的，對社會文化來說是非傳統性的
　　產品。

四、階段四（1＋2＋3＋4）：創造一些對自己來說是新穎
　　的、非習慣性的、個人所珍視的，對社會文化來說是非傳
　　統性的、社群所珍視的產品。

　　這四個階段中，第一和第二階段可稱為「小C」，第三和第四
階段可稱為「大C」，這四個階段雖然有其大致的順序，但在年齡
上會產生重疊現象；此外，這四個階段應該是領域特定的，任何一
個人在任何一個年齡學習任何一個領域，都可以追求這四個階段的
發展，而且會在不同的領域處於不同的階段。最後，這四個階段的
發展會有個別差異，就同一個領域而言，有些人可以在很年輕時就
達到階段四，但有些人可能一輩子都達不到階段四。

　　總之，從「產品」的觀點定義創造力，可說是近年來研究創造
力的趨勢。此外，創造力是有領域之分的，有些人在藝術方面很有
創意，在數理領域則毫無創意。再者，創造力與文化價值的認定有
關；例如：在中華文化中被珍視的創意產品（例如手機），在非洲
某個原住民部落可能被視為毫無價值與毫無用處的廢物。簡言之，
創造力是一個人在特定領域當中，產生一個在所處的社會文化脈絡
中具有「原創性」與「價值性」的產品之歷程，而此創造歷程包括
準備期、醞釀期、頓悟期、評估期等階段。在此一創造歷程中，最

直接影響的因素可以說是個人特質；當然，家庭及學校環境，乃至於工作環境及整個社會文化價值與習俗均會影響最後創造性產品的產生。因此，不論是大C或小C的產生，都需要多重因素的配合。許多人可能會認為創意或創造力是少數天才或資優者的特權，但從創意產生的來源來看（如拼圖遊戲、巴列托法則、階段再定義、改變用途等），都是一般人可以做得到的，只要多一點思考與用心，要產生小C並非難事。

　　台積電董事長張忠謀認為對企業經營來說，光有獨立思考還不夠；企業要創新，需要有靈機來產生洞察。他指出，知識系統就像一個金字塔，最底層是原始資料（raw data），上面一層是資訊（information），再上一層才是知識（knowledge）；把原始資料變成知識需要經過內化的過程，而在此過程中最重要的就是獨立思考。然而，僅有一個知識金字塔並不能達到創新；必須要有好幾個知識金字塔，然後經過苦思和靈機一現，才能有洞察，有了洞察之後，才會有創新（商業週刊，2005，12月）。因此，最後筆者要強調的是：創意是創造力的前提；創意的產生，應該是 70%的努力與經驗，20%不同凡想（defying the crowd）的認知與勇氣，以及 10%的靈機一現。

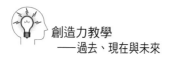

第三章

個人特質與創造力

> 你可以有兩種生活方式：
> 一種是不相信世上有任何奇蹟存在，
> 另一種是把每一件事視為一個奇蹟。
> ──愛因斯坦（*Albert Einstein*）──

　　個人特質是影響創造力表現最直接也是最關鍵的因素。本章主要是針對創造力個人特質中的知識、意向、技巧／能力做介紹，並引述部分實際訪談案例內容，以說明八種個人特質與創造力發展的關係。

壹 影響創造力發展的個人特質

　　在《天才的奧祕》（*Genius Explained*）一書中，作者 Michael J. A. Howe 提及：天才的兩大特色為：(1)強烈的好奇心以及毫不保留地獻身於個人志業，例如牛頓認為他發現萬有引力定律的方法是不斷地思考；愛因斯坦認為好奇、決心和辛勤工作，是他提昇效率不可或缺的因素；達爾文將自己的成就歸功於多年來反覆思索未解之謎，而且從不懈怠。(2)擁有能力獲取各式各樣的素養（Howe, 1999/2001）。可見，天才的成就與創意不是偶然的，他們具有一些

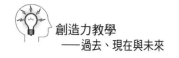
共同的關鍵特質,而這些關鍵特質的形成與經驗及努力有密切的關係。

Siau(1995)綜合多位學者的觀點,歸結以下四類因素為高創造力者的主要個人特質:認知(cognition)、人格特質(personality)、動機傾向(motivational orientation)、知識種類(knowledge categories)。個人特質影響創造力發展,是這些年來研究創造力學者們的一致結論(如 Amabile, 1988; Amabile et al., 1996; Oldham & Cummings, 1996)。筆者認為影響創造力發展的個人因素,主要包括知識、意向、技巧/能力。

一、知識

Feldhusen(1995)認為知識基礎是創意產生的必備條件;他認為 Wallas(1926)所提出創造歷程的四個階段皆須以知識為基礎,而且從研究中他也發現具有創意且多產的人,通常在早年就已經精熟某一領域的知識。因此,當個體想在藝術領域有創意時,她/他必須對藝術領域有足夠的專業知識,否則不但不容易產生創意,而且就算是可以產生創意,效果也可能很差。

此外,Weisberg(1993)認為創造力涉及在尋常的認知過程中產生不尋常的產品,而且洞察力(insights)的產生端賴個體如何將傳統的認知過程應用於記憶中的知識。Runco 與 Walberg(1998)在一項以研發人員為對象的研究中也發現:有創意的人通常具有相當的專業知識及背景知識;他們的知識基礎深厚,能建立新的知識結構,而且對知識基礎本身的缺陷具有高度的警覺性。可見,創造力的發展需要有知識為基礎。

最近,Ward、Smith 和 Finke(1999)從創造認知取向(creative cognition approach)的概念所提出的「產生—探索模式」(geneplore model),也特別強調知識的重要性。此模式著重於了解洞見

（insight）、概念的延伸（the extension of concepts）、新近活化的知識（recently activated knowledge）、概念的結合（conceptual combinations）與創造的意象（creative imagery）。根據此一模式的概念，當創造時，個體乃處於產生（generative）和探索（exploratory）過程的交互應用，並依據工作的要求與限制不斷修飾其產生與探索的架構。一般的產生過程有下列五種形式：

㈠從記憶中提取現存架構。

㈡在架構之間產生簡單的關聯或因此產生概念的結合。

㈢新架構的心理整合。

㈣將現存架構透過心理轉換後形成一些形式（forms）。

㈤從一個領域轉換到另一個類別的化約（categorical reduction）。

此外，從Csikszentmihalyi（1996/1999）的觀點來看，領域即是代表創造性產品所在的知識系統、象徵符號系統，而文化就是這些各種不同的知識系統所組成的。個體要能產生創造性產品必須學習與內化領域的知識、技能及內在判準；亦即，取得與內化領域知識對於個體產生創意產品具有重大的影響。Sternberg 和 Lubart（1995/1999）也提出：創造力不能再以過去分割的知識來研究；創造力的複雜與多元甚至已經足以將知識列為一個獨立的「創造學」（creatology）知識領域。

Amabile（1996）更提出，創造的發生，並非單靠創造相關技能的傳遞就會發生，必須將創造領域與其他知識領域結合。她（Amabile, 1988）曾經訪談了120位來自於不同公司的科學家，並發現下列十項個人特質有助於問題解決者之創造力發展：(1)擁有多項正面的人格特質。(2)高度的自我動機。(3)特殊的認知技能。(4)冒險導向。(5)豐富的專業經驗。(6)高水準的所屬團體成員。(7)廣泛的經驗。(8)良好的社交技巧。(9)聰穎（brilliance）。以及⑽不為偏見及

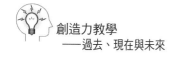

舊方法所束縛的處事態度（naivete）。Amabile（1988）在研究中同時也發現下列五項個人因素會阻礙問題解決者之創造力發展：(1)缺乏動機。(2)不具彈性。(3)缺乏專業的能力或經驗。(4)具有強烈的外在動機。以及(5)缺乏社交技巧。其中，「豐富的專業經驗」及「廣泛的經驗」均與知識有關。

葉玉珠（2000）訪談了國內 30 位科技界（包含硬體發展與軟體發展）的高創意者，發現「具有豐富專業知識」為影響受訪者創造力表現的重要特質。而在以國小中高年級 2,166 個學童為研究對象的實徵研究中，葉玉珠（2000）也發現，喜歡閱讀各種不同書籍為高創造力者的重要個人特質。可見，知識（尤其是專業領域的知識）是創造力產生的基礎。

有創造力的人通常都具有相當的專業知識。例如，當你想在藝術領域有創意表現時，你必須對藝術領域有足夠的專業知識，否則不但不容易產生創造力產品，而且效果可能很差。然而，人們常誤以為資訊就是知識，且知識愈豐富就愈有創造力。其實，「有用的專業知識」才是成敗的關鍵。此外，知識也可能是兩面刃，一方面可能幫助我們組織及連結相關的知識與訊息，進而產生創造力；一方面可能會限制我們的創造力，因為當個體在一個專業領域中太久、太精時，可能會產生思考僵化的情況，以至於很難跳脫既有的框框。因此，有許多創造性產品都是跨領域者所產生的。

總之，要具備並維持創造力，除了要有豐富的專業知識外，也應該廣泛地涉獵其他領域的知識、常常與其他領域的專家或朋友交流，以使知識不斷地融合與創新，進而產生更高的創意或創造力。誠如 Nissan Design International 的主任 Gerald Hirshberg 所言：「創新……存在於人與人之間的想法邊緣，而不是在單一的知識或是技能領域之內。」

二、意向

意向（dispositions）包括態度、傾向、承諾等人格特質。在此，筆者將它與技巧或能力相關之個人特質分開。台積電的董事長張忠謀曾在一次訪談中提到，在他的求學生涯中，最重要的收穫不是專業知識的專研、涉獵，而是獨立思維的能力與健全人格的培養。他說：在學校裡所學的專業知識，我現在能記得的大概不到20% 吧！有時候，我翻閱三十年前我寫的博士論文，我也看不懂呢！在我工作及創業的過程中，專業知識對我的幫助只占了一小部分，獨立思維的能力與健全人格展現才是我最大的助力。可見，人格特質對成功創業與創造力展現的重要性。

Barron 與 Harrington（1981）認為具有創造力的個體，其主要的人格特質有：(1)智慧的審美觀（intellectual aesthetic values）。(2)廣泛的興趣（breadth of interests）。(3)受事物的複雜性所吸引（attraction to complexity）。(4)充沛的精力（high energy）。(5)關心工作與成就（a concern with work and achievement）。(6)獨立判斷（independence of judgment）。(7)自治（autonomy）、直覺（intuition）。(8)自信（self confidence）。(9)忍受與解決衝突的能力（ability to tolerate and resolve conflict）。(10)創新的自我意向（a creative self image）。

Torrance（1988）指出具創造力的人格特質包括：(1)勇氣（courage）。(2)獨立的思考與判斷（independence of thought and judgment）。(3)誠實（honesty）。(4)堅毅（perseverance）。(5)好奇（curiosity）。(6)願意冒險（willingness to take risks）。

Sternberg（1988）則認為高創造力者具有下列人格特質：(1)能忍受曖昧情境（tolerance of ambiguity）。(2)願意克服障礙（willingness to surmount obstacles）。(3)願意成長（willingness to grow）。

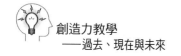
(4)具有內在的動機（intrinsic motivation）。(5)適度的冒險精神（moderate risk-taking）。(6)確認的慾望（desire for recognition）。(7)願意為獲得肯定而工作（willingness to work for recognition）。

Oldham 和 Cummings（1996）整合了近年來學者們對創造力人格特質的研究結果，認為高創造力者具有下列的人格特質：(1)廣泛的興趣。(2)易為事物的複雜性所吸引。(3)敏銳的直覺。(4)高度的審美觀。(5)對曖昧情境的忍耐度高。(6)及強烈的自信心。Oldham 和 Cummings 並發現這些人格特質與創造力測驗的表現有穩定的正相關。此外，Amabile 更認為具有創造力的人通常為內在動機所驅使；此一發自內在驅力促使他們去發現、質詢，及自我挑戰，而這些行為的產生完全是基於對工作本身的喜好（Donnelly, 1994）。

綜合學者們的看法（Amabile, 1997; Feldhusen, 1995; Mellou, 1996; Oldham & Cummings, 1996; Ripple, 1989; Runco, 1996; Runco & Walberg, 1998; Sternberg, 1988, Sternberg & Lubart, 1996; Torrance, 1988），筆者認為具有高創造力者應具備下列意向：

(一)動機方面：包括具有高度的內在動機、對工作有高度承諾、願意成長、對高遠目標的追求、喜歡複雜及具有挑戰性的工作等。

(二)冒險方面：包括願意冒險、自信、果斷、勇於嘗試困難的工作。

(三)適應的人格特質方面：包括喜歡發明、好奇、幽默、警覺、堅強的意志力、樂觀、心胸開放、對曖昧情境的忍耐度高等。

(四)發現／質疑問題方面：包括敏銳的直覺、好問的、質疑假設、注意新奇事物、要求證據、喜好思考並常具有創新的點子等。

(五)獨立性方面：包括獨立自主、質疑傳統、喜歡獨立思考、喜

歡獨自工作、不為偏見及舊方法所束縛等。

㈥人際互動方面：包括喜歡與人互動分享創意、勇於表達自己的看法與才能、喜歡幫助別人等。

㈦興趣方面：包括喜歡發明、喜歡自己動手做、具藝術興趣與審美觀、興趣廣泛等。

㈧感性方面：包括以興趣為做事的主要考量依據、率真、孩子氣（童心未泯）、富於情感、較不自責、不抑制自我、憑感覺和直覺做決定等。

綜合有關創造力個人特質的研究發現與理論，筆者（葉玉珠，2002）將重要個人特質編製成李克特式量表，並以國小中高年級2,166個學童為樣本的研究發現，下列十四項為影響高創造力者的重要「意向」特質：(1)喜歡思考。(2)好奇又好問。(3)喜歡和別人分享一些自己特別的想法。(4)碰到困難的時候，通常都會往好處想。(5)是一個對自己有信心的人。(6)有勇氣表達自己的看法和才能。(7)重視別人肯定自我的表現。(8)不斷地追求進步，使自己有更好的表現。(9)做事的時候，通常會非常努力，而且不會半途而廢。(10)不容易受別人的影響，而改變自己的想法。(11)喜歡閱讀各種不同的書籍。(12)喜歡自己一個人安靜地閱讀或學習。(13)興趣很多樣化。(14)喜歡欣賞與蒐集美好的事物。

但是高創造力者並非只具有正向的人格特質，許多高創造力者兼有正向與負向的人格特質，並常常處於「矛盾的人格特質」拉扯中，這就是所謂的「複合性人格」。Csikszentmihalyi（1996/1999）在訪談了91位享有盛名的人物發現，高創造力者具有下列十項複合性人格：

㈠往往精力充沛，卻又經常沉靜自如。

㈡向來聰明，但又有點天真。

㈢結合遊戲與紀律或責任心與無所謂的態度。

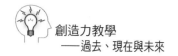
㈣想像與幻想及現實之間互相轉換。

㈤兼具內向與外向。

㈥兼具不尋常的謙卑與自豪。

㈦男性兼具陰柔，女性兼具陽剛。

㈧叛逆且獨立。

㈨對工作很熱情，又能保持客觀。

㈩其開放與敏銳，經常使其淪於悲喜交雜。

三、技巧／能力

　　Guilford（1967）認為創造力屬於擴散性思考（divergent thinking），為人類的一種認知能力。從計量的觀點來看，傳統以來大部分的創造力測驗均以 Guilford 的擴散性思考概念為基礎，來了解人類的創造力，並以流暢力（fluency）、變通力（flexibility）、獨創力（originality），及精進力（elaboration）為測驗的核心成分；其中，又以前三項能力最常被測量。流暢力為有效反應的總數，變通力為有效反應類別的總數，獨創力為反應的稀有度總分，精進力則為反應精緻化的總分。例如，當你被問到「保特瓶可以做什麼用？」時，如果你可以說出愈多種用途，流暢力就愈高；而你說出的答案中，分屬於愈多種類別（例如文具類、家具類、裝飾類等），你的變通力就愈高；最後，如果你想到的答案是很少人想的到的，你的獨創力就愈高。但近年來，創造力的評估有逐漸強調「產品」評量的趨勢，例如要求孩子完成一個產品來表現他／她的創造力。

　　此外，Donnelly（1994）認為創造力乃洞悉將物質或物體轉換成新的及具有獨創性的能力；可見，創造力的展現需要具備一些技巧或策略。綜合最近學者們所提出的見解與研究發現（Amabile, 1988; Donnelly, 1994; Feldhusen, 1995; Ripple, 1989; Runco, 1996;

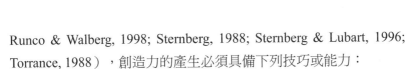

Runco & Walberg, 1998; Sternberg, 1988; Sternberg & Lubart, 1996;
Torrance, 1988），創造力的產生必須具備下列技巧或能力：

㈠產生的能力：包括產生新觀念（流暢力）、變通力等。

㈡發現／質疑問題的能力：包括發現問題、敏銳的觀察力、發
現混亂中的秩序等。

㈢適應的認知能力：包括獨創力、變通力、適應力、特定領域
的技巧、特殊的認知技能、隨時調適自己以符應環境需求
等。

㈣傳統的認知能力：包括問題解決技巧、推理、高度智慧、有
效決策、邏輯思考、客觀判斷、綜合等。

㈤語言及溝通能力：包括明確表達、良好的社交技巧等。

　　一般人認為高創造力者通常是孤僻的，但現今處在資訊及知識
經濟掛帥的時代，創造力的產生不再是單打獨鬥，而是與人合作；
能與他人有效互動以及具備良好的溝通表達能力，顯得格外重要。
傳記研究（Howe, 1999/2001）也發現許多高創造力者（例如達爾文
及史蒂芬生）均具備這些能力，尤其是史蒂芬生（鐵路之父）能從
一個礦工兒子的文盲變成赫赫有名的工程師，有一部分應歸功於其
良好的人際智慧。而筆者的訪談研究（葉玉珠，2000）也發現人際
智慧是影響創造力表現的重要因素。因此，人際智慧是在培育學生
創造力時必須同時強化的一種能力。

　　此外，葉玉珠（2002）以國小中高年級 2,166 個學童為研究對
象，發現高創造力者具有如下重要「能力」特質：

㈠富於想像與多元思考：包括想像力很豐富；常常有許多新的
點子；遇到問題的時候，常常會有一套自己的看法；遇到問
題的時候，常常會想出不同的解決方法；常常觀察到別人沒
有注意到的事物；有很多才藝。

㈡善於調適：包括當很緊張的時候，有辦法讓自己比較不緊

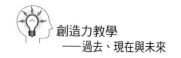

張；遇到重要事情的時候，通常會仔細考慮之後再做決定。

㈢善於學習與自省：包括常常學習別人的優點以充實自己；常常自我反省，能誠實面對自己。

貳 影響創造力發展的重要個人特質實例

葉玉珠（2000）訪談了國內 30 位科技界的高創造力者，發現「具有豐富專業知識」為受訪者所共同具備的重要特質，而且下列十六項為影響受訪者創造力表現的重要「意向」特質：(1)主動學習動機強。(2)喜歡閱讀。(3)喜歡與人互動，分享創意。(4)喜好思考，常具有創新的點子。(5)喜歡嘗試，具有冒險精神。(6)願意成長，不斷求進步。(7)好奇、好問。(8)勇於表達自己的看法與才能。(9)有主見，喜歡獨立思考。(10)興趣廣泛。(11)喜歡解決問題。(12)喜歡自己動手拆東西、修東西。(13)獨立自主。(14)樂觀進取。(15)具藝術興趣與審美觀。(16)勤奮、堅毅不拔。此外，研究中也發現下列二項為影響受訪者創造力表現的最重要「能力」特質：組織與分析能力強；自我監控（自我調節）能力強。以下就舉一些訪談研究中的例子來說明高創造力者的個人特質，以提供教導與啟發學生創造力的參考。

一、豐富的專業知識與自信

「我覺得人要自認自己是聰明的，像一些外國人（日本人）都認為：『沒有見過像你這麼有自信的人』。我和客戶談案子時，公司的機器設備都在我的掌控中，我能很快地讓他們了解公司情況，公司員工也很難在這些設備中動手腳。……所以要有足夠的技術能力，然後才會有自信。」

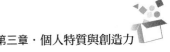

二、跳脫既有的框框

「所有的行業都只是一個知識的教育，是前人既有的延續性教育。然而，所有開創性的事業很少是由本行產生的，道理在於本行受到前人的限制。老師教你什麼可以、什麼不可以；如果你學會了，你只要照著做就好，那就變成行業；因此，在本行中間很難革命，因為你在框框中受了教育，有著公式、規則來使你做事方便，並得到了既有的利益。但是，一個新開創的或是推翻的，通常是一個外行人所產生的。」

三、智識好奇心

「我在國中的時候，每天中午 11：45 到 12：00 電視會有一個『科技新知』的短片，我蠻喜歡看的。那時候就對自然科學很有興趣，自己會去抓昆蟲或是小動物，然後用家裡的一些藥粉、藥丸、化妝品，這邊混一下、那邊混一下，然後讓小動物來吃吃看哪一種會死、哪一種不會死，或者是把水蛭切成好幾半，看看會怎麼樣。」

四、幽默、自我解嘲

「像 A2 到我們公司才五個多月喲，他就可以運用他的創意讓我們北中南四家公司的人員都認識他（黃色裕隆計程車）。而且他也蠻愛秀的，雖然他的一百零八個為產品命名的名字都沒有錄取，我們最後的定案是『未來EQ小領袖』，而他的命名是『未來的EQ小領袖』，但他會 E-mail 給所有的人說：你看我這次只差一個『的』，下次我一定會中選。」

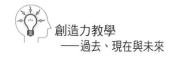
五、興趣廣泛、好蒐集資料

「高中的時候因為受到同學的感染，喜歡研究國防科技。因為那個時候我同學很喜歡做模型，那模型大都是戰機、火車、大砲嘛！我可能沒那麼多錢買，可是我對他們周遭的附屬知識蠻有興趣的。後來，我就特別蒐集資料，把那些資料比較完整的蒐集起來，予以分類，且分別放在不同的夾子裡面，以供以後研究，這樣做什麼事也都會很快。之後，我就將我們國家從無到有，整個國防科技的發展過程，放在學校的校刊上，然後被教官上報至軍事情報局，我還因此遭到視察。」

六、期望與堅持

「人生當中有一些是偶然的，有一些是必然的。偶然的我們暫時不考慮它；必然的就是說你的人生目標，目標決定後你決定往哪裡走，然後假如這個人有毅力的話，所有的困難你都能克服它。既然是困難，一定是當時沒有辦法解決的問題，一旦你解決了它，那就是開創。『開』是開荒、開墾，是原來沒有人走過的地方你去走，也就是你先到了一步。所以我認為一個開創者必須有一股毅力，然後就是他／她對目標的期許，沒有目標就不會執著。」

七、堅毅與強烈內在動機

「人不經過痛苦，就如同未浴火的鳳凰；不經過此過程，是不可能陶煉出來精華。……而人的毛病就是只要快樂不要痛苦，就像水壩一樣，你收水是痛苦，洩洪是快樂；收水就是一種累積，累積得愈高，你快樂的程度將會愈高，我想這是一樣的道理。所以，對一個聰明人來說，那小快樂有什麼用呢？一定要有自我期許。有些人就是控制不住，隨時把水壩拉得很高，閘門永遠是打開的，水流

過去永遠只能形成小溪。對我而言，幾十年來這個閘門是一直累積的，我不洩洪、不斷累積、不斷學習、不斷努力、不斷接觸危機，那就是我在享受我的能量。當然，我的好處是從小受過很多痛苦，國家的、社會的、各個層面的，當所有痛苦累積起來時，有些人就心理崩潰了、受不了了，但對我而言，經歷過這些痛苦，我的抵抗力愈強，這就是個人本質了。」

八、敏銳的洞察力與不斷的創新期許

「創造發明只有一個定義：沒有創造就沒有發明，已經存在的宇宙架構、可行的事情、所有的可能全都在那邊，只是在適當的時機、適當的人、適當的條件之下，將這件事情打開而已。就像是蓋子蓋起來一樣，時機成熟了，有人把蓋子打開了，而且是你把它打開，那我只是扮演這樣一個角色。問題在於要打開的蓋子很多，通常一般人打開蓋子就坐著喝茶去了，其他蓋子就不想打開了。而我是打開杯子不喝茶的服務生，而且是請別人喝茶的人。在發明創作的時候，我只是打開個杯蓋而已，但是你會發現如果你不喝那個茶、不享受那個成果，你就有足夠的時間去把所有的杯蓋打開，當你去打開杯蓋而且去喝這杯茶的時候，你有沒有可能再去打開其他的杯蓋？」

可見，從小培養豐富的專業知識與自信、智識好奇心與廣泛的興趣，個人對人生的期望與堅持、不變的堅毅特質與強烈內在動機，以及對創新的領悟與敏銳的洞察力，都是造就一位高創造力者的重要個人特質。

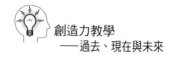

參 結語

個人特質是影響創造力表現最直接，也是最關鍵的因素；知識、意向、技巧／能力，三者缺一不可。正如煮一道佳餚，我們需要新鮮的素材（知識）、適當的火候（技巧／能力），以及獨特的調味料（意向）；調味料的神奇之處在於它能使所有的素材融合在一起，產生意想不到的美味。

所有創意環境的營造，其目標都在培育與促進創造力的個人特質；但是，當我們努力要培育學生的創造力個人特質與提昇學生的創造力時，不要忘了，要設定「適當的」目標。大 C 畢竟僅有少數人可以達到，而且這樣的創造力有賴優質的「生育」（nature）要素。對於一般學生而言，我們可以期待透過教育「養育」（nurture），讓他們／她們「更有創造力」，也就是至少能夠具有小 C。此外，創造力的表現需要以智力與知識為基礎；因此，創造力有領域之分。像達文西這樣的天才與全才是少之又少，與其樣樣通、樣樣鬆，不如幫學生找到他／她的專長領域與興趣，使其有機會發展他／她的特殊創意潛能。

總而言之，創造力是可以提昇的，但提昇的程度視個體的基因（生育）與環境（養育）互動的結果而定。教師或父母必須了解孩子的氣質與人格特質，並提供適當的期望與環境，以幫助其發展創造力的潛能。

第四章
家庭環境與創造力

> 早年的逆境對有些人來說，
> 是激發潛能的酵素，
> 但對有些人來說，
> 則是一股無法抵擋的毀滅性力量。
> ——筆者——

就創造力生態系統模式來看，最直接影響的因素可以說是個人特質，但形塑個體早年個人特質的關鍵因素，可說是家庭教育與環境。本章除了介紹哪些家庭因素會影響創造力的展現與發展之外，也提出一些具體的訪談案例，說明父母的信念、態度乃至於家庭氣氛等，如何深刻影響孩子的創造力發展。

壹 一個父親啓發孩子創意的故事

美國著名的漫畫家 Gary Larson 表示：他一生的轉捩點是八、九歲時，父親給他的啟發。他說：

有一天，父親叫他到廚房去，父親坐在飯桌前，手上拿著紙筆一邊畫、一邊說起故事來了。他的父親說，有一

位老師叫小朋友到黑板上去做畫圖接龍的遊戲。在這個遊戲中，每個人必須在別人所畫的東西上再加上一些東西，使其變成一個新的東西。第一個小朋友走上講台並在黑板上畫了一個長方形，說：這是一個盒子。第二個小朋友添了幾條線之後，說：這是足球場。第三個小朋友添了一個倒寫的 Y，說：這是放樂譜的架子。第四個小朋友把樂譜的架子圍起來，說：這是一個電燈泡。最後一個小朋友走上前去，歪著頭，端詳了一陣子之後，添了幾筆，說：這是我媽媽在穿緊身褲（見圖 4-1）（Sternberg & Lubart, 1995/1999, p. IX）。

大家大概都同意，最後一個小朋友是最有創造力的。從這個例子我們可以發現 Gary Larson 的父親啟發了他的想像力與創造思考。可見，一個充滿創意的父親或母親以及其獨特的教育方式，可能對孩子創造力與想像力的啟發，有著深遠的影響。

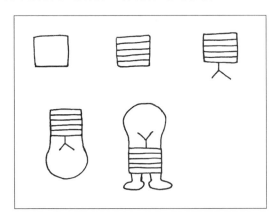

註：引自不同凡想（洪蘭譯），R. J. Sternberg 和 T. I. Lubart 著，1995/1999，頁 IX。台北：遠流。

圖 4-1：畫圖接龍

貳 家庭教育與環境對創造力發展的影響

究竟是正面或是負面的家庭環境較有助於創造力的發展？過去的文獻與研究發現有不同的看法，以下就做進一步的說明。

一、正面的家庭教育與環境

歸納過去的文獻發現，父母的教養方式、親子關係與家庭氣氛，以及學習楷模與物質環境均可能影響一個人的創造力發展。

㈠就父母的教養方式而言

一些研究指出，父母以民主及尊重的方式替代權威的控制（陳宗逸，1995；羅一萍，1996）；給子女適度的自由，避免過多的評價（林逸媛，1992）；父母的心情開放，容易溝通，能鼓勵子女適當的好奇心，使其有探索、實驗、想像、質疑、驗證的機會，促發其獨立自主的個性等（Torrance & Goff, 1990），均有助於子女創造力的發展。

Trusty（1998）認為開明權威（authoritative）的教養風格對於子女的心理與行為結果均有正面的影響；開明權威意指父母教養子女時同時採高控制（限制與控制）與高關懷（支持與參與）兩種方式，並強調留意、支持以及和子女有效地溝通。Snowden 和 Christian（1999）以及 Pohlman（1996）的研究也發現當雙親擁有高學歷、其薪資超過一般水準，以及其本身受到較好的教養時，較會扮演導師或嚮導的角色，並提供較多機會讓孩子能心胸開闊地接觸多元社會文化；此外，這樣的父母，其教養態度也較傾向積極民主的方式，因此在自由環境中成長的孩子比在權威環境下成長的孩子具

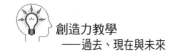
有創造力。張嘉芬（1997）的研究也發現下列教養方式與學童的創造力有正相關：要求展現自我及開放經驗、要求手腦並用、鼓勵發表與要求嘗試、運用新知精益求精、科學創新的問題解決，以及視覺生活的設計。

㈡就親子關係與家庭氣氛而言

吳佳玲（1995）認為親子互動關係是指：家庭中父母與子女透過彼此間接觸的頻率（互動）、情感投入（心理）所構成的一種家庭關係。Olszewski、Kulieke 與 Buescher（1987）綜合文獻研究結果認為有利於創造力發展的家庭氣氛為：互相關注、信賴與支持的家庭關係；能充分表達感受與溝通意見；注重文化與知性活動；重視成功或成就的追求。

Amabile（1983）及 Bloom（1985）發現有傑出創造力的兒童，其父母大多給與極大的支持並提供許多機會。有些研究也發現，多給與獎勵及愛、較少的情緒投入與干涉，以及避免過度保護（Hale & Windecker, 1992; Michel & Dudek, 1991）等親子關係有助於子女創造力的發展。

此外，Sloane 對有傑出表現的游泳選手、網球員、鋼琴家、雕塑家的家庭環境進行調查研究的結果也發現，這些家庭均有良好的親子互動關係。在這些家庭中，通常父母願意花很多時間與子女去參加各種活動；為了培養子女的才能，願意付出情感上的支持；會督促並且評鑑子女的表現；會與子女討論對他們的期望和要求；會主動為子女規畫有建設性的活動；會引導子女如何分配時間；以及家中的所有成員都互相關愛（引自鄭芳怡，2004）。

㈢就學習楷模與物質環境而言

給與孩子學習楷模以及一個安全與充裕的物質環境，對孩子創

造力的發展有正面的影響。例如，Simonton（1988, 2000）的研究顯示：有創造力的個體通常在其童年有許多知識與技能上刺激的經驗；家庭中多有圖書室；父母本身喜歡參與各式各樣自己感興趣的知識活動。

Sloane 針對有傑出表現的游泳選手、網球員、鋼琴家、雕塑家所做的研究發現，這些家庭具有下列共同特徵：(1)父母本身以身作則，提供一個凡事努力、有高標準表現的角色楷模。(2)父母常強調教育和成就的重要性。(3)父母強調做事情要努力、堅持、熱切及渴望超越。(4)父母為了培養子女的才能，願意付出財務上的支持。(5)父母為了培養子女的才能，願意提供各種材料或資訊。(6)父母本身喜歡參與各式各樣自己感興趣的活動（引自鄭芳怡，2004）。

二、負面的家庭教育與環境

上述的文獻探討，都傾向正面的家庭教育與環境較有助於創造力的發展，但是負面的家庭教育與環境就不可能培育出高創造力的孩子嗎？Dabrowski 把環境中的衝突看成既不是正面的，也不是負面的反應，而是一個讓個體最終可以導致創意泉源的情境反應。因此，不愉快的生活經驗、壓力與焦慮，從心理健康的觀點來看可能是不好的，但是從 Dabrowski 的觀點而言，它卻是孕育創造力發展的基本要素（引自 Sternberg & Lubart, 1995/1999）。

許多傳記研究指出高創造力者的早年家庭生活大都是不愉快的，但也因此使得他們在家庭中較能獨立自主，並且能夠不斷挑戰環境（MacKinnon, 1962; Simonton, 1988; Walberg, 1988）。此外，長子的身分、早年便經歷單親家庭或父母雙亡的發展經驗，對於日後傑出人物的催生也有重要的影響（Simonton, 1988; Walberg, 1988）。MacKinnon（1962）發現許多非常有創造力的人都有著許多不幸的遭遇與經驗，如童年的挫折和親人的死亡等。Pirto

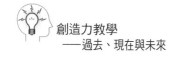
（1992）根據創意科學家、藝術家的個案研究指出，有些孤兒能成為具有創意者，有些卻成為具有破壞性性格的人，其原因可能與家庭環境中所提供的文化刺激有關。若幼年失怙者所接受到的文化刺激能使其積極面對並勇於克服挫折，則有助於促進其未來的創造力表現（Feldhusen, 1995）。

　　Csikszentmihalyi（1996/1999）針對 91 位享富盛名的領袖人物進行的創造力研究，發現早年的成長背景與經驗對創造力的發展影響深遠。正面的家庭經驗、激勵的情感環境、豐富的文化遺產、眾多機會的呈現、高度的期許等，均能刺激創造力的發展；然而，堅毅的人格特質似乎是在回應陰晴不定的情緒環境、破碎的家庭、孤獨，以及遭排斥的感受所發展出來的。大多數人均體會到這些早年環境的其中之一，但創造性人物似乎較可能同時經歷這兩種環境。例如，富蘭克林在支持及激勵中的環境長大，但卻深受種族歧視之苦；實驗物理學家卡爾（Isabella Karle）成長於社經地位不佳的家庭，但她有溫暖與支持的雙親（Csikszentmihalyi, 1996/1999）。

　　陳昭儀（1990）以 20 位傑出的發明家為研究對象的研究也發現，大多數人在成長期間的家庭環境並不好，而且其父母多採取放任的教養方式；然而，這樣的教養方式似乎讓受訪者養成自由發揮的態度。因此，正面的家庭環境應有助於創造力發展，但負面的家庭環境對於創意潛能激發的效果也不容忽視。

三、正面的家庭教育與環境對兒童創造力的影響

　　儘管成長逆境對每個人創造力發展的影響不同，但正向的家庭教育與環境，對大多數兒童創造力的發展還是有正向影響。葉玉珠（2002）以國小中高年級 2,166 個學童為對象發現，高創造力者的家庭比較會提供意見及學習榜樣、以及做到提供學習機會及支持鼓勵，較為詳細的說明如下：

㈠提供意見及學習榜樣

1. 父母提供孩子很好的學習榜樣。
2. 當在做一些新奇或特別的東西時，父母會提供意見。
3. 父母常常提供各種意見，幫助孩子解決問題。

㈡提供學習機會及支持鼓勵

1. 父母希望孩子以後能有很大的成就。
2. 父母常常告訴孩子要對自己所做的事情負責。
3. 父母給與很多學習新事物的機會。
4. 父母常常會讓孩子參與討論一些家裡的事情或決定。
5. 孩子和父母感情很好，互相支持、關心。
6. 當表現很好的時候，父母會給與讚美。
7. 父母常常鼓勵孩子要獨立。
8. 父母會買各種書籍給孩子看。

參 家庭教育與環境對創意發展的影響實例

　　葉玉珠（2000）訪談了國內 30 位科技界的高創意者，發現「受手足創造或創業的影響」為影響受訪者創意發展的重要家庭因素。然而，從事軟體發展（如視訊、網路）的受訪者，其成長的家庭環境較偏向家庭氣氛自由開放，父母採用引導的管教方式、支持子女所做的決定以及與子女有良好的互動關係（彼此支持、信賴、關愛、尊重）；從事硬體發展（如半導體）的受訪者，其成長的家庭環境較偏向父母鼓勵獨立負責、採取嚴厲的管教方式、不以控制的態度管教亦不過度保護子女，以及對子女行為的要求較少；可見，

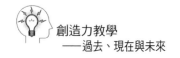

不同的家庭環境對孩子的創意領域似乎有一定的影響。下面是訪談的舉例：

一、父親的鼓勵與自信的建立

「我覺得我爸爸鼓勵我很多，小時候我非常害羞，有時候畫圖畫完，我爸爸就在家門口、裡面到處貼，以增加我的自信心。後來，他更力排眾議，買鋼琴讓我學音樂。」

二、父親的過度關注與創意的抹煞

「我父親是個建築師，他很會畫圖，但我畫圖就不好，原因是我父親給我太多的關注，他會幫我完成它，所以我的畫因此畫不好。」

三、自由開放的家庭氣氛與多元學習機會的提供

「我父母親很開明。因為我父親從小自己就很會唸書，他認為小孩子只要不變壞，在道德上沒有問題，就不用管太多；因此，小孩子想要從事哪方面的工作，他都不會禁止。」

四、父母的開放與支持

「我爸媽給我的自由度，對我是一個很好的影響。他們基本上比較讓我自己去自由發展。你知道學文的人必須在高一下學期的時候就要做好決定，到底是要走較 hot（熱門）的科系，或者是走一些別人看不起的文科。我當時就選擇文科。我爸爸稍微有點在意，他去問了一些親戚，說是不是覺得該這樣子。好在我親戚當時也是學文的，他們就跟他講，學文的出路也很好呀，因此我爸也就接受讓我學文，走這條路。我想這種沒有給我任何壓力，大概對我是蠻好的，對我的失敗他們也比較能容忍，因為不可能每個人永遠一帆

風順。」

五、鼓勵閱讀、提供良好的學習環境

「我想沒有角色楷模，而是一個環境的提供。他們沒有告訴你要怎麼走，但是把這個環境建立起來，對我來講，我家的環境並不是那麼好，但是至少他們不會去限制我要買什麼書。小時候把零用錢存下來，父母都不講話，更重要的是，如果父母看到我們在看書，他也覺得這是很好的事，基本上他們不會像其他的父母突然叫小孩子來幫忙洗碗，或做倒垃圾之類的工作」。

從第一個和第二個例子可以看到父母不同的態度，可能對子女造成截然不同的影響，而從其他例子我們也可以看到父母的教養方式與家庭環境對塑造子女創造力特質的重大影響。

肆 結語

根據 Csikszentmihalyi（1996/1999）的看法，一個人要有創造力，必須及早對某個領域密切投入，若沒有發展出一種令他們感到自信的才能，沒有具備獲得知識的經驗，年輕人就不會有足夠的膽識來改變現狀。他認為家庭環境對孩子創造力產生的正面影響主要為：(1)在孩子生長的家庭中具有重視學習與尊重文化的傳統，而這些傳統能引發兒童對於某些領域的興趣。(2)家庭的學習和教育能引導兒童發展其領域專業能力，即能支持兒童追求創新，而不只是尋找標準答案。可見，家庭教育與環境對於兒童時期創意發展的重要性，以及其對成年期後創意潛能展現的重大影響。

創造力是可以教的，而且早年的家庭經驗對日後創造力的表現影響深遠。儘管早年良好的家庭教育與環境有助於創造力的發展與

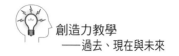

表現，但早年的不幸與挫折似乎有助於造就高創造力者的重要特質
——堅毅的精神。因此，每個父母都應該努力營造促進孩子創造力
發展的有利環境，並在其間引導孩子如何從逆境中成長與解決問
題。每個人的氣質迥異，人生際遇也有所不同；因而，有些人面臨
逆境與困苦的早年生活，但卻能成為高創意者，有些則成為具破壞
性性格之失敗者。這印證了筆者在第一章所提及的概念：創意的發
展是「基因和環境互動的結果」；早年的逆境對有些人來說，似乎
更能激發其潛能，但對有些人來說，則是一股無法抵擋的毀滅性力
量。

第五章

學校教育與創造力

> 倘若把創造力當作教育的目標，
> 那麼實現的前提是創造型的教師。
> ——戈特弗裏德‧海納特——

　　本章首先針對學校教育與環境對個體創造力發展的重要性，以及其中哪些因素可能影響個體創造力發展，做一概括的介紹。接著，本章針對良師、教室氣氛與教師行為與創造力發展的關係做進一步的探討。此外，為了具體呈現學校教育與創造力發展的密切關係，本章也舉出一些實際的訪談案例內容，作為佐證。

壹 影響創造力發展的學校因素

一、學校教育對個體創造力發展的重要性以及主要影響因素

　　創意生活經驗影響創造力個人特質的形成，而創意生活經驗多源自於家庭和學校。大部分研究創造力的學者都強調家庭與學校之重要性（例如葉玉珠，2000；Csikszentmihalyi, 1996/1999; Gardner, 1993; Simonton, 1988; Sternberg & Lubart, 1995/1999）。可見，學校教育對個體創造力發展的重要性。

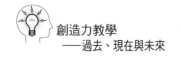

研究（Cheng, 1999）指出，中國和美國教師均認為學校教育必須肩負起培育學生創造力之責任。一般認為開放式的教育使學生有較多的機會做深入之探討，能讓學生感受到擁有學習的主控權與內在動機（Harackiewicz, Barron, Pintrich, Elliot, & Thrash, 2002; Midgley, Kaplan, & Middleton, 2001; Stipek, 1998a, 1998b），因此有助於學生的創造力發展。相較之下，傳統式教育則比較僵化，有一定的課程進度，學生必須按部就班地去學；因此，傳統式教育對學生創造力的發展可能有不利的影響。Sternberg 與 Lubart （1996）也指出：走出固有守舊、封閉、過度強調規矩與學業成就的學校氣氛，方能為創造力營造一個有利的環境，但絕非全盤否定傳統學校教育的既有措施。

綜合文獻探討（Chambers, 1973; Csikszentmihalyi, 1996/1999; Sternberg & Lubart, 1996），影響創造力發展的主要正面學校因素為：(1)學校課程提供思考能力的訓練。(2)教師提供和諧、安全的學習環境與創意楷模。(3)教師表達對學生創造力表現的期望與信心。(4)良好的師生互動關係（如教師接納、支持學生的想法）。(5)同儕楷模的學習。

葉玉珠 （2002）以 2,166 個國小學童為對象的研究發現，下列學校因素有助於學童的創造力發展：

㈠激發創意的學校活動

1. 學校舉辦的課外活動，有助於發揮想像力。

2. 學生所參加的學校團體活動，可以促進想像力。

3. 學校常常舉辦比賽，讓學生有機會發表作品。

㈡支持創新的學校環境

1. 學校的圖書室有許多書報雜誌，方便蒐集資料。

2. 在節慶的時候，學校會舉辦戲劇活動，讓學生有機會扮演不同的角色。

3.學校會提供獎狀、獎品或獎金給在競賽中表現優異的學生。

雖然學校教育對於個體創造力的發展扮演關鍵性角色，但學校教育對於高創造力的傑出人物也有頗不一致的影響，如科學家愛因斯坦（Albert Einstein）與畫家畢卡索（Pablo Picasso）在學校的成績均非常低落，而心理學家弗洛伊德（Sigmund Freud）和詩人艾略特（T. S. Eliot）在學校則有優異的成績表現（Gardner, 1993）。

二、學校創造力教育應加強之處

葉玉珠（2000）以國內科技界 30 位具有高創意者為訪談對象的研究發現：「學校及教師不具太大影響力」及「學校提供社團活動的學習機會」二項，為受訪者對於學校教育如何影響其創造力發展的最重要共同反應。然而，他們也認為，良師的引導啟發、表達對學生創造力表現的期望與信心、良好的師生互動關係（如教師接納、支持學生的想法）、學校課程提供思考能力的訓練等均是非常重要的。他們並具體建議學校教育應多加強下列方面的教育：

㈠培養學生自動自發的學習精神與態度。

㈡加強思考能力的培養。

㈢加強蒐集資料及問題解決能力。

㈣強調多元化的教育。

㈤重視自省能力的培養。

㈥教育不應只著重於培養孩子的成就，更應培養他們的毅力與耐性。

㈦教育並不是只有知識的教導，最重要的是知識的啟發。

㈧教師應提供學生一個開放的想像空間，引導與鼓勵他們，而不是壓制他們的思考。

㈨教師應提供創意的學習楷模。

㈩進行教育改革，進行小班制教學及課程改革等。

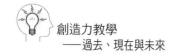

　　吳靜吉（2002）指出，在華人社會裡，學校在安排有關創造力課程或創造知識的傳遞時，通常都是將這些課程內容當作「知識」來傳授，採取的教學方法也多用演繹，而非歸納，而且大多沒有讓學生親身體驗個人或團體的創造歷程與發現。實際體驗創意、實踐創意的歷程是創造力能否充分展現的關鍵；因此，我們的創造力教學似乎有許多待改善之處。吳靜吉認為創造力是可以教的，並且建議可以透過下列方式進行創造力教學：

　　㈠認識創意的本質，進行創造力教學首先必須讓教學者與學習者回歸到創意的本質，例如：到底創造力是大 C 還是小 C ？是個別的還是團體的？等問題。

　　㈡創造力的教學應融入各科的教學，將放諸四海皆準的創造力技巧融入教學與評鑑中；特殊領域的創造力技巧也可以透過師徒經驗等方式來學習。

　　㈢創造力的教學必須讓教學者和學習者親身體驗創造的歷程。

　　㈣創造力的學習常是透過非正式的學習管道，因此師徒制是有效的；從參與師傅的研究或其他研究計畫的工作中，學習提出問題、解決問題和創造力等技巧。

　　㈤創造力的教學以歷程為導向，但卻需要有產品呈現，那就是歷程與結果並重。

　　㈥創造力的學習，最好透過團隊的分享合作，尤其是異質團體團隊的合作。

　　㈦提供創造力的典範或實例，是有效的學習方式。

　　㈧形塑充滿創意氣氛、支持環境的創意文化。

　　㈨將知識化為可親可近的創意資源。

　　㈩讓學習者享受福樂經驗（flow），也讓教學者感受教學的福樂經驗。

　　㈠最直接、最簡單的方法是要求學生表現創造力，而在要求時

已經將創造力的技巧與概念闡述清楚，並且要求與評鑑間必須具有一致性。

㈡父母、教師和社會都是創造力學習和表現的守門人，如何培養守門人的判斷能力和支持氣度是非常重要的。

　　整體而言，正面的學校環境應有助於創造力發展，但它對於學生日後創造力表現的影響究竟有多大，則沒有絕對的定論。究其原因，在學習過程中是否有遇到良師、學校的教學與課程設計是否適當、教師氣氛是否良好，以及教師是否有效使用有助於創造力發展的教學行為等，可能都是關鍵因素。

貳 良師與創造力

　　Csikszentmihalyi（1996/1999）認為創造力是個人、領域、學門三個因素互動的結果，而學門當中的「守門人」負責判定個人的創意與產品，是否能成為該領域中有價值的創造。顯見，就學生的創造力而言，學校教師是最重要的守門人；同時，教師也是激發學生創造力的推手。在學生產生創造時必須具備兩大個人要素，而學生是否能具備這兩大要素與教師息息相關；這兩大要素為：⑴將領域的規則與內容、選擇標準、學門的偏好等系統內化。⑵獲取「心流經驗」。因此，「良師」對於個體創造力發展的重要性是不言而喻的。

　　根據Csikszentmihalyi（1996/1999）的研究，良師對於大多數創造性人物有關鍵性的影響。他指出當有創造潛能的年輕人之事業達到某一點時，他們必須受到該學門中年長成員的肯定，否則他們的動機會逐漸消失，他們將無以獲得訓練，也得不到機會來貢獻社會。良師所扮演的主要角色即在讓年輕人的身分得到適當的評價，

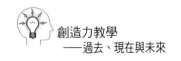

以鼓勵他們繼續致力於該領域。

Wolfe 以系統理論探討學校教育對學生創造力的培育，認為學校教育是否能成功培育學生的創造力，有四個關鍵因素，從這些因素可以明顯看出良師的重要性；這四個因素如下（引自李梅齡，2004）：

一、支持的角色

學校在教材設計及教室布置能提供感官的刺激，激發創意性想像；並設置各種資源（例如圖書館等），使學生便於增加其獨立探索的機會。另外，學校必須鼓勵教師專業成長。

二、教師對於新觀念的開放程度

教師能鼓勵學生獨立探索教科書以外的知識，並主動發問問題、勇於接受挑戰，以達成教學相長。

三、教師能引起學生的好奇心與興趣

教師在教材的設計上能不落俗套，貼近學生的生活經驗，並善用發問的技巧以引起學生的好奇心。

四、專業知識

教師本身具備充分的學科知識，能區辨學生創造表現或點子的優劣，並形成一個支持的系統，鼓勵學生進行各方面的試探及創造。

此外，如果一位教師能成為角色楷模，並且能支持與接納學生的想法，則對於學生創造力的發展有很大的影響。Zuckerman（1992）發現在 1901 至 1977 年間的 92 位諾貝爾獎得主中，有 48 位在得獎前曾經擔任過諾貝爾獎得主的研究生、博士後研究員或合

作研究者，而且大多在這些良師還沒得獎前即與之共事。這些得獎者在訪談中表示：他們從這些良師身上學到科學的技術、對工作要求的標準、思考問題的方式、洞察問題的獨到眼光，以及如何經營科學家團體。可見，良師不但扮演引導者的角色，更扮演守門人的角色（Csikszentmihalyi, 1996/1999）。

同樣地，Simonton（1988）也發現角色楷模、師傅或大師的典範對於領域中的個人有很重要的影響，而其影響在於這些角色典範示範了如何追求領域知識，以及獲取必要的技能與態度；使得學習者能內化領域知識技能與態度。Wechsler（2000）研究巴西創造性人物時發現：在各領域有所成就的成功人士，在小學及中學求學階段皆深受老師的影響。可見，教師角色對學生創造力發展的深遠影響。

參 學校教育對創造力發展的影響實例

葉玉珠（2000）以國內科技界 30 位具有高創造力者為訪談對象，發現影響創造力發展的主要學校因素為：(1)老師的引導與啟發。(2)老師表示接納、支持及肯定創意表現。(3)學校在正式課程以外，常常舉辦一些活動或比賽以激發創意。(4)學校課程能啟發及訓練創造力。(5)學校提供非正式學習的機會（如社團活動及讀書會等）。以及(6)學習環境自由開放。至於教師提供問題解決的練習機會及創造思考的學習楷模、同儕楷模的學習及校園環境能啟發思考等因素則僅有一位提及。然而大部分的受訪者均表示：學校教育對其創造力的發展並沒有重大影響或沒有影響；儘管如此，他們對於「良師」的貢獻是肯定的。而且從這些實例中，我們也可以發現，學校的教育和環境中，還是以良師的影響最大。以下是舉例說明：

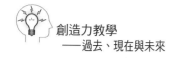
一、教師表達對學生創造力表現的期望與信心

「我小學時候不會唸書，但是老師說我灑水灑得特別好，每次督察要來時就會叫我去灑水。到了國中，有一位老師說我滿聰明的，因為我物理、化學都不錯。到了五專的時候，影響我最大的是一位教會計的導師。那個導師對我說：你功課雖然不好，但是你頭腦很好。所以，他就鼓勵我念研究所；他說我不是照正常軌道上來的，很適合念研究所，而且他說我很有創造力。因為他鼓勵我，我才會去考插大，不然我功課一直不好。他說只要你考得上，你就有辦法畢業。後來我只考一家，就真的考上了。」

二、教師鼓勵自我肯定與自信的建立

「在中學時代，我對文學有興趣，那時候有一個寫作班的老師，他對我們很有影響。那種影響是給你一個motivation（動機），讓你去相信自己去做的事情是有價值的，不需要別人來肯定你，這是很好的一個影響。那位老師常鼓勵我們說：你們應該去做自己有興趣的事。我想這給了我們很大的信心，讓我們覺得自己做的事是值得的。」

三、教師對於學習興趣的引導

「國小五、六年級的時候，有一個導師寒暑假的時候就會帶著我們做實驗，所以就會引導我們或是我自己對科學的一些發展有比較深厚的興趣。」

四、教師對於思考能力的啟發

「有兩種老師：一種是教歷史哲學、易經哲學，一種是教西洋方法論的。方法論是重思辨、重分析、重方法；上了這些課後，我

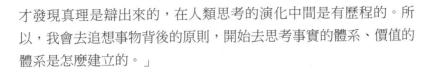

才發現真理是辯出來的，在人類思考的演化中間是有歷程的。所以，我會去追想事物背後的原則，開始去思考事實的體系、價值的體系是怎麼建立的。」

五、良好的師生互動關係（如教師接納、支持學生的想法）

「高一時因某一個事件被老師誤會、被打，於是我開始變得不太喜歡讀書。整個高中時期，我都很叛逆；我當時還組樂團，因此老師都很討厭我，高三時我還差一點輟學。但是當時有一個教務主任，她大概以前是學教育的，突然之間她就用另一種說法跟我講話。她覺得我沒有這麼壞，並用很多正向的方法跟我講話，她甚至跟我說：是哪一個教官找你麻煩，你跟我講；她還說：你要在哪一班你自己挑。我真的就挑了一班，自己也變得很不一樣，因為我覺得開始有人對我有信心了。」

六、教師提供創造思考的學習楷模

「一個是研究所的老師，我從他那邊學到的是：很多事情是要先想的，要用方法做分類，再做一些選擇；這給了我很大的啟示。因為很多東西都不是很嚴謹的 reasoning（推理），你就是靠平常去講，所以這個老師也很喜歡與人討論。我從他那邊學到：思考事情不要用那麼死的方法，可以用一些比較靈活的方法。因為你要對付的東西太多了，如果不淘汰掉一些，你就 going no where（哪裡都去不了）。另外一個是在 Bell Laboratory（貝爾實驗室）的時候，我才發現他們更是這樣；他們可以用直覺與我們談數學，我這才發現原來直覺有這麼 powerful（有力量）。」

七、同儕楷模的學習

「高中的時候因為受到同學的感染，喜歡研究國防科技。因為

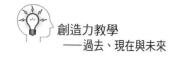
我同學很喜歡做模型，而且那模型大多是戰機、火車、大砲嘛！我可能沒那麼多錢買，可是我對他們周遭的附屬知識滿有興趣的。後來我就特別蒐集資料，把那些資料比較完整的蒐集起來。」

八、學校提供社團學習的機會

「我國中就一直是童軍團的一員。我做了十幾年的童軍，童軍團對我的幫助很大，家庭教育也對我的幫助很大。童軍團非常講求怎樣去面對問題，以及如何解決問題。當我們去露營時，每一次露營都是一種創意的表現；例如，風雨很大，你還要生火煮飯，如何跟團隊合作，這些對我的生活有很大的訓練。」

肆 教室氣氛與創造力

一、良好的教室氣氛與創造力發展的關係

Amabile（1996）的成分模式強調，創造性產品的產生至少必須仰賴三個基本成分：領域相關的技能、創造力相關的技能、工作動機；而一個人工作動機（尤其是內在動機）的高低，會影響其在領域相關技能和創造力相關技能上的學習與準備，也會影響其創造過程中對任務的認知與對訊息的搜尋。學生的學習動機與教師所營造的教師氣氛有密切的關係。例如，Deci和Nezlek（1981）的研究發現創造力與教室氣氛有顯著正相關，因為當學生知覺到教室氣氛是教師行為影響學生內在動機的中介變項時，其本身的內在動機也會隨之增強。教室環境對學生創造力的影響，其關鍵即在於它所營造出的學生自主探究和主動學習的教室氣氛。Furman（1998）認為學生的特質（例如智力、知識與技能、自信等）雖然是預測創造力的

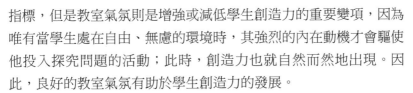

指標，但是教室氣氛則是增強或減低學生創造力的重要變項，因為
唯有當學生處在自由、無慮的環境時，其強烈的內在動機才會驅使
他投入探究問題的活動；此時，創造力也就自然而然地出現。因
此，良好的教室氣氛有助於學生創造力的發展。

許多研究（如Fleith, 2000; Rodd, 1999）指出：若教育人員和教
師同意創造力是可以發展的，而且在教室的環境中鼓勵學習創意，
則是最有效的教學方式。教室環境的學生、老師、師生之間的互動
會組成一股社會力量；它能成功地化解阻礙學生創造力發展的不利
因素（例如低社經地位），而且這股力量所產生的氣氛或狀態會直
接影響學生的創造力表現。因此，觀察教室氣氛的相關變項有助於
測量、描述、確認激勵及抑制學生創造力發展的因素（Dudek,
Strobel, & Runco, 1993）。換句話說，教室氣氛對學生創造力發展
具有重大的影響。

此外，Hamza 和 William（1996）也從社會互動的觀點，詮釋
教室氣氛如何影響學生的創造力的發展（見圖 5-1）。他們認為教
室氣氛是由教師、學生及彼此間的互動所產生的；其中，教師的影
響因素包括教師風格、熱誠、知識、班級經營，學生的影響因素包
括學生的態度、自律、基本技能，經由師生不斷地互動所創造出的
產物就是學生的創造力。

二、有助於創造力發展的教室氣氛

Houtz（1990）指出：有利於學生創造力發展的創意教室氣氛為
鼓勵創造思考、使用會引發好奇心的發問技巧、讓學生獨立、有民
主的互動、有安全的氣氛、以學生為主、有合作學習的活動、非指
導式的教學方法、對學生的需求有所回應，而不利於學生創造力發
展的教室氣氛則是獨裁與嚴格的。其他研究（Fleith, 2000; Hamza, &
William,1996; Marjoribank, 1994; Morgan & Forster, 1999）也提出許

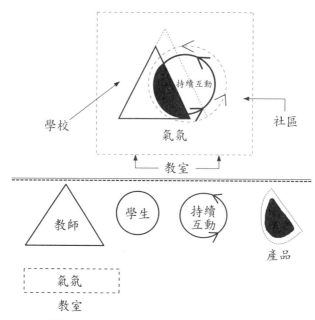

註：引自主題統整教學、教室氣氛、年級及父母社經地位與國小學童科技創造
力之關係，吳怡瑄著，2002，頁44。國立中山大學教育研究所未出版之碩
士論文，高雄。

圖 5-1：日月蝕交互作用圖

多促進學生創意思考和問題解決能力的教室氣氛，包括(1)學生知覺
到的感覺：如溫和對待、鼓勵學生發言、接受異議的雅量、給與學
生獨立探索的機會、賦予學生學習的選擇權。以及(2)教師行為：如
接納學生的不同意見、提昇自信心、提供支持與資源等。

蕭敏華（1997）也指出，有助於創造力發展的教學原則為：

㈠提供民主、安全、和諧、互相尊重的氣氛。

㈡提供接納的氣氛，重視學生所提的意見。

㈢提供豐富充實而富刺激變化的環境。

㈣鼓勵全體學生參與活動，提供適應學生個別差異與興趣的機

會。

㈤允許學生負責任並從事獨立學習的工作。

㈥與家長密切配合，充分利用社區資源。

㈦教師不斷充實自己，以提昇教育品質。

其中，第一點到第五點均與創意教室氣氛的營造有關。從上述文獻我們也可以看出創意教室氣氛的重要性，以及創意教室氣氛和教師行為對於促進學生創造力的密切關係。以下即對有效創造力教學之教師行為做一探討。

伍 有效創造力教學之教師行為

德國著名教育心理學教授戈特弗裏德・海納特曾說：「倘若把創造力作為教育的目標，那麼實現的前提是創造型的教師。」（引自李梅齡，2004，頁32）。Chambers（1973）指出：有創意的教師上課方式是輕鬆不拘形式的；他們歡迎學生非正統的看法、允許學生選擇研究的題目、對他們所作所為表示熱心，並與學生在課堂之外互動。這些老師的特性，就是他們把學生當成獨立的個體，鼓勵他們獨立。相反的，抑制創造力的老師不鼓勵學生有新的看法，強調記憶學習，本身沒有安全感，並且沒有彈性、不能變通。可見，教師行為對學生的創造力發展的重大影響。以下就介紹幾位國內外學者從理論與實徵研究中所歸納出來的一些有效的教師行為。

一、Torrance 的十九項教師行為

Torrance 認為下列教師行為有助於提昇創造力（引自 Lefrancois, 1997/1998）：

㈠尊重創意思考。

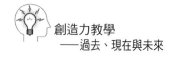

㈡讓學生對周遭的刺激更加敏感。

㈢鼓勵學生善加掌控物件及概念。

㈣教導如何有系統地測試各種概念。

㈤培養包容各種新理念的態度。

㈥留意避免陷入僵化的教學型態。

㈦營造鼓勵創意的課堂氣氛。

㈧教導學生重視自己的創意思考。

㈨教導學生免於被同儕排擠的技巧。

㈩傳遞有關創意形成過程的各種訊息。

㈠消除對大師傑作的敬畏心態。

㈡鼓勵自發性學習。

㈢提高對心中疑問的敏感度。

㈣教導創意思考的必備要素。

㈤給與學生自主與安靜的時間。

㈥提供輔助資源，以協助學生開發其想法。

㈦鼓勵學生養成從想法中去開發各種涵義的習慣。

㈧給與建設性的批評，而不是無謂的批評。

㈨鼓勵學生涉獵不同領域的知識。

二、Cropley 的九項教師行為

Cropley（1997）認為下列九項教師行為有助於提昇學生的創造力：

㈠鼓勵學生獨立學習。

㈡使用合作、社會統整風格（socially integrative style）的教學。

㈢激發學生精熟事實知識（factual knowledge），以使其能建立擴散思考的穩固基礎。

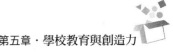

㈣在學生的想法經過深思熟慮並能將其清楚地表達出來之前，暫緩判斷這些想法。

㈤鼓勵彈性思考。

㈥促進學生的自我評鑑。

㈦嚴肅對待學生所提出的建議與問題。

㈧提供機會讓學生在各種不同情境下，閱讀與處理不同教材的問題。

㈨協助學生學習因應與處理挫敗的事件，以使其能有勇氣嘗試新奇的事物。

三、Soh 的九向度教師行為指標

Soh（2000）也提出促進創造力的教師行為指標（Creativity Fostering Teacher Index, CFT Index），其內涵包括下列九個向度：獨立（independence）、統整（integration）、動機（motivation）、判斷（judgment）、彈性（flexibility）、評鑑（evaluation）、問題（question）、機會（opportunity）、挫折（frustration）。茲將其詳細的教師行為陳述如下：

㈠獨立

1. 鼓勵學生將所學表現出來。
2. 教導學生基礎的知識，並讓他們自己做更多的發現與探索。
3. 讓學生自己發現問題的答案。
4. 教導學生基礎的知識，並讓他們有個別學習的空間。
5. 讓學生自己發現開放性問題的答案。

㈡統整

1. 學生有機會分享想法和觀點。

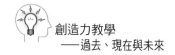

2. 學生有機會從事群組活動。

3. 鼓勵學生在課堂上有所貢獻。

4. 鼓勵學生發問和提出建議。

5. 鼓勵學生進行小組合作學習。

㈢動機

1. 強調基礎知識／技巧的重要性。

2. 強調精熟必要知能的重要性。

3. 期待學生將基礎知識／技巧學好。

4. 趕快進行下一主題不是主要的關切。

5. 學生的學習比上完教學大綱上所有的東西來得重要。

㈣判斷

1. 讓學生在採取一個立場前先有機會探索他們自己的想法。

2. 追問學生的問題以使其思考。

3. 不要立即告訴學生自己對他們所提出觀點的想法。

4. 在學生經過完整的探索之後，才給與評論。

5. 鼓勵學生用不同的方式做事，即使這樣會花較多時間。

㈤彈性

1. 探測學生的想法以鼓勵他們思考。

2. 鼓勵學生自由發問。

3. 鼓勵學生用不同的方式思考。

4. 允許學生用不同於被告知的方式來做事。

㈥評鑑

1. 期待學生自我檢查作業。

2. 提供機會讓學生分享優缺點。

3. 在教師檢查學生的作業之前,先讓他們自我檢查。

4. 學生有機會評判自我。

5. 在繳交作業之前,先讓學生彼此分享作業。

(七)問題

1. 追蹤學生的提議。

2. 仔細聽取學生的問題。

3. 不要輕易錯失學生的建議。

4. 即使學生的建議不切實際,仍應仔細聽取。

5. 即使學生問一些笨問題,也要耐心聽取。

(八)機會

1. 鼓勵學生測試所學的東西。

2. 欣賞學生能將所學運用到不同的情境或事物。

3. 鼓勵學生將所學運用到各種不同的事物上。

4. 不要在意學生測試他們自己的觀點或是有偏離所學的想法。

5. 鼓勵學生超越教師所教導的東西。

(九)挫折

1. 遭受挫折的學生可以尋求教師的情緒支持。

2. 幫助受挫學生重拾自信。

3. 幫助學生從自我的失敗經驗中獲取教訓。

4. 鼓勵學生將挫敗經驗視為學習過程的一部分。

5. 鼓勵經歷挫敗的學生發現解決方法。

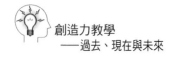

創造力教學
—— 過去、現在與未來

四、葉玉珠的二向度教師行為

葉玉珠（2002）綜合創造力發展的學校影響因素，將其編製成李克特式量表，並以 2,166 個國小中高年級學童為樣本進行施測結果發現，下列教師行為有助於國小學童的創造力發展：

㈠支持、鼓勵的教學態度

1. 老師常常鼓勵主動學習新的事物。
2. 碰到問題的時候，老師會鼓勵學生想出可能的解決方法，並且實際地做做看。
3. 老師會鼓勵探索自己有興趣的主題。
4. 老師通常能接受及支持學生的一些想法。
5. 老師會鼓勵學生先想出一個可能的答案，再蒐集資料看看這個答案對不對。
6. 表現很好的時候，老師會讚美。
7. 老師鼓勵多聽、多看，以充實自己。
8. 老師常常鼓勵盡量發揮想像力。
9. 老師有時候會讓學生自己決定怎麼做（例如訂定班規）。
10. 老師常常給問題，讓學生獨立尋找答案。
11. 老師會耐心地聽一些學生的想法或煩惱。
12. 老師常常鼓勵多觀察身邊事物的變化。
13. 常常有機會和具有好奇心的同學一起合作學習。
14. 當老師要學生回答問題的時候，通常會先給一些思考的時間。
15. 老師發問的時候，通常會多請幾位同時回答之後，再公布答案。
16. 除了使用考卷之外，老師也會使用其他方式（例如學習檔案）。

㈡討論、探究的教學方法

1. 老師常常使用討論的方式來進行教學。
2. 老師在教學的時候，常常會提出問題來讓學生思考。
3. 老師常常採取分組學習的方式來進行教學。
4. 老師常常鼓勵從日常生活中去發現問題。
5. 老師除了重視考試成績之外，也很重視其他方面的表現。

▶ 五、全方位的教師行為

筆者認為創造力教學的目的乃在強化從事創造思考必備的個人特質，包括知識、意向、技巧／能力。以下即從這些向度分別提出一些有效教學行為的原則性建議。

㈠強化知識建構的教學行為

創造力的發展需要有知識為基礎。因此，強化知識的建構與運用，對學生創造力的發展與表現是非常重要的。從訊息處理理論的觀點來看，知識的建構與運用至少涉及三種記憶：感官記憶（sensory memory）、短期記憶（short-term memory）、長期記憶（long-term memory）。有關強化這三種記憶的教學建議如下（McCown, Driscoll, & Roop, 1996）：

1. 促進感官記憶遷移的方法
⑴使用手勢、音調及其他信號以提醒學生課程中的重點。
⑵以問題的方式刺激學生的好奇心。
⑶告知學生即將學習的內容以建立適當的期望，並幫助他們發現教材內容與本身興趣與目標的關係。
⑷以比較異同點的方式幫助學生集中注意力於重要的細節。

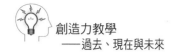
2. 促進短期記憶遷移的方法

(1)增進先備知識與加強新舊知識的連結。

(2)提供前導架構（advance organizers）以幫助學生建立外在連結並獲取先備知識。

(3)使用學習策略，如複誦（rehearsal）、精緻化（elaboration）、組織（organization）等策略。

3. 促進長期記憶中訊息提取速度的方法

(1)活化先備知識。

(2)使用學習策略。

㈡提昇創造力意向的教學行為

「意向」（dispositions）為動機、態度、傾向及承諾。創造力的產生必須要具備廣泛的興趣、易為事物的複雜性所吸引、敏銳的直覺、高度的審美觀、對曖昧情境的忍耐度高、強烈的自信心與動機等。下列的教學行為有助於提昇學生的創造力意向：

1. 使學生專注於所從事的工作或討論

「注意」是思考的首要條件；當學生不專心時，教師應及時介入。

2. 給與思考時間

當發問問題時，最好給與學生一些思考時間，以使其能做較為深入的思考，並做出適當的回應；能做出適當或正確的回應，有助於建立自信與增進參與的意願。

3. 接受學生各種不同的反應

發問或討論問題時，盡量先讓較多的學生回答之後，再公布答案。

4. 提供成功經驗

當學生一開始即成功地使用某一策略將問題解決時，他們比

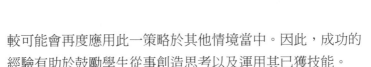

較可能會再度應用此一策略於其他情境當中。因此，成功的
經驗有助於鼓勵學生從事創造思考以及運用其已獲技能。

5. 給與提示

創造思考的活動充滿挑戰性，學生難免會遭遇挫折；適時地
給與提示有助於學生建立成功的經驗並進而強化其運用創造
思考技巧的自信與動機。

6. 提供回饋

教師應掌握時機鼓勵學生的優越表現，以增強其從事創造思
考活動的意願。

7. 監控討論過程

在實施小組討論時，若教師能接近學生並監控其討論過程，
將有助於提高學生的參與動機；藉此，教師不但能了解學生
的需求及問題所在，而且也能適時地提供適當的協助。

8. 營造具有建設性的學習環境

一個支持的及舒適的環境對創造思考的學習是非常重要的。
教師多鼓勵同儕的互動並鼓舞學生的自信有助於營造一良好
的創造思考學習環境。

㈢增進創造力技巧／能力的教學行為

創造力的產生必須具備許多技巧／能力，如產生新觀念、發現
問題、敏銳的觀察力、想像力、獨創力、洞察力、變通力、適應
力、特定領域的技巧、特殊的認知技能、問題解決技巧、明確表
達、良好的社交技巧等。下列教學行為有助於改善學生的創造力技
巧／能力：

1. 幫助學生建立思考架構（thinking-frame）

根據Perkins（1986）的看法，思考架構的學習必須經過如下
三個階段：獲取（acquisition）、內化（internalization），以

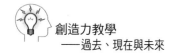
及遷移（transfer）。此一建立思考架構的教學過程可應用於協助學生學習與遷移創造思考技巧。

2. 發展基模導向（schema-driven）策略

基模乃一個人對於特定概念的知識結構（Gallini, 1989）。基模導向策略涉及將訊息分類、將訊息抽象階層化，以及將概念間的關係加以連結。這些策略都是優越的創造思考者所不可或缺的。

3. 發問開放性問題

發問開放性的問題如「為什麼……?」、「如何……?」等，此類問題有助於改善學生的創造思考技巧。當教師發問時，要求學生解釋其理由及其思考過程即為使用創造思考問題的例子。

4. 發問延伸性問題

即發問要求學生對其答案提供進一步訊息所使用的問題。當教師發問時，要求學生解釋其理由即為使用延伸性問題的例子。

5. 要求學生反省其思考

此即「關於思考的教學」；能夠反省並監控自我的思考歷程，為增進創造思考技巧的重要關鍵。

6. 提供練習的機會

讓學生有充分的機會將創造思考技巧運用於各種不同的實際問題解決情境當中，為有效的創造思考教學方法之一。

7. 實施小組討論及合作學習

許多研究發現使用小組討論及合作學習有助於改善學生的批判思考、創造思考及問題解決能力（Ediger, 1998; Punch & Moriarty, 1997）。

8. 使用定錨教學（anchored instruction）

定錨教學涉及教師如何透過運用豐富的教學情境以促進學生
對於知識的探索與運用。此一教學的目的在培養學生目標導
向學習及多層面思考的能力；使用問題解決情境即為定錨教
學的運用（Haneghan & Stofflett, 1995）。

陸 結語

Csikszentmihalyi（1996/1999）認為學校環境對孩子創造力產生
的正面影響為：(1)對兒童發展領域專業能力，學校的教育必須扮演
引導的角色；能支持兒童追求創新而不只是尋找標準答案。(2)接觸
領域知識及學門同樣重要，兒童能接觸對的守門人，才有機會得到
該有的認可，除了正式教師以外，家教、師傅與其他因這些守門人
所構成的資源或人際網絡對於兒童也很重要。這些師傅不一定是當
代人物，可以是傳記人物，例如李遠哲就以居禮夫人作為其師傅。

美國哈佛大學的生物學家 Edward O. Wilson 在他的自傳《大自
然的獵人》一書中也說：「要成為一位科學家，師長的鼓勵與支持
是很重要的」（Sternberg & Lubart, 1995/1999, p. ix）。可見，學校
教育對啟發與培育學生創造力的重要性。學校教育主要是透過學校
環境、教室氣氛及良師等因素影響學生的創造力發展，其中又以良
師為最關鍵的影響因素。良師的影響主要是透過其所營造的創意教
室氣氛、學習楷模與創意教師行為，影響學生產生創造力所必須具
備的要素（包括相關領域知識、意向與技巧／能力）。本章除了提
供學校環境與教師氣氛營造的原則建議外，也提供了具體的創意教
師行為，期待能提昇教師進行創造力教學的效果。

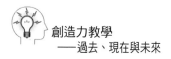
創造力教學
——過去、現在與未來

第六章

創造力的教學基礎與教學設計

> 一朵花要能夠綻放出最美麗的花朵，
> 必須在關鍵時刻提供適量的水、陽光和養分；
> 因此，一位技術高超和有智慧的園丁是不可或缺的。
> 成功的創造力教學正如這美麗的花朵。
>
> ─筆者─

　　本章首先從有效教師與高創造力學生之關係，詮釋有效創造力教學的基礎。其次，從系統化教學設計的觀點，對創造力教學的教學設計做一概括的介紹。此外，為幫助教師進行更有效的教學設計，本章特別針對教學目標的訂定、課程設計，及教學策略發展，提出一些應注意的事項與原則。

壹 有效創造力教學的基礎

　　創造力教學的成效涉及教師與學生的互動，而學生創造力表現的良莠繫於三大要素：創造力的先備知識、創造力的意向、創造力的技巧／能力。因此，在進行創造力教學時，一位有效能的教師必須要能基於一些正面的信仰、專業的知識和專業能力，透過精心設計課程、有效應用教學專業知識和策略、適當評量學生表現等，進

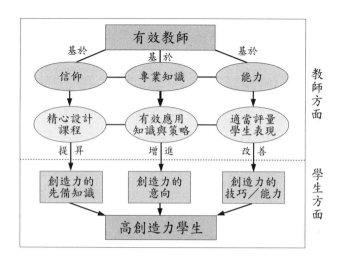

圖 6-1：有效教師與高創造力學生之關係

　　而增進學生的創造力先備知識、提昇其創造力意向，以及改善其創造力的技巧／能力，最後培育出具有良好創造力的學生（見圖6-1）。

　　有關個體創造力的先備知識、創造力的意向、創造力的技巧／能力已在第三章有詳細介紹，這裡特別要針對有效教師的基礎做一些說明。有效創造力教學的基礎包括教師的教學信仰、教師的教學專業知識和教師的專業能力。

一、教師的教學信仰

　　「高層次思考」亦被稱為「複雜層次思考」（complex-level thinking）。Udall 與 Daniels（1991）認為高層次思考至少包括三種思考：批判思考、創造思考與問題解決。他們指出：一個能促進高層次思考環境必須要「可預測的」與「安全的」，但更重要的是：教師要有認為「高層次思考是必要的、有價值的和樂在其中的」信

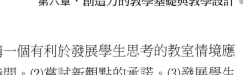

仰。因此，他們建議欲建構一個有利於發展學生思考的教室情境應包括下列要素：(1)充裕的時間。(2)嘗試新觀點的承諾。(3)發展學生的複雜思考為教學的必要目標之信仰。(4)學生有能力進行高層次思考的信心。

Garcia 和 Pintrich（1992）以及 Michelli、Pines 和 Oxman-Michelli（1990）也指出，有助於成功教導複雜思考的教師信仰和動機包括：(1)有同理心的。(2)熱情的。(3)有創意的課程安排。(4)對知覺學生反應的敏感性。(5)對所教授課程的重視。(6)自主的。(7)對於運用複雜思考的自信。以及(8)心胸開放的。而要做到心胸開放，教師必須要能：(1)提供嘗試點子的機會。(2)提供辯論、討論和探索點子的機會。(3)允許有充分的時間和機會進行問題解決。(4)能忍受各種不同的做事方法。(5)允許犯錯。(6)允許同儕互動。以及(7)允許範圍許可內的自由。

就創造力教學的信念而言，教師除了要有肯定創造力教學的價值性之信念之外，更要有高度的個人教學效能（personal teaching efficacy）。「個人教學效能」涉及一位教師對其能引發學生學習的個人能力及技巧的信念（Gibson & Dembo, 1984）。Bandura（1995）指出：教師對其個人教學效能的信仰，影響其一般的教學過程導向及特殊的教學活動。在實徵研究中，Bandura（1993）發現：對自己的教學效能有高度信仰的教師較可能為學生創造精熟學習的機會；反之，對自己能夠建構有利的教室環境之能力感到懷疑者，則較可能會破壞學生的自信心與認知發展。

因此，一位成功的創造力教學者，必須要有堅強的信仰與足夠的自信以引發及促進學生有效的學習。如前所述，創造力乃一個體的「先備知識、意向以及技巧／能力的整體表現」。因此，一位對創造力教學具有高度個人教學效能的教師應對於提昇學生創造力相關的先備知識、意向、技巧／能力及整體的能力表現有足夠的自

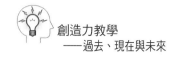
信；例如相信自己能有效增進學生對問題解決相關訊息的了解、能
改變學生的思考習慣、能使學生成為自動自發的創造思考者、能透
過教學改善學生的創造力、能使學生有效使用一些創造力教學策
略、能設計有效的創造力教學課程，以及能營造一個能激發學生創
造力的學習環境等。

二、教師的教學專業知識

　　創造力的教學充滿著不確定性，因其涉及複雜的認知機制與過
程。欲有效應付這些「不確定」，除了要具備正面的信念之外，教
師必須具備創造力教學的專業知識，亦即教師必須對「創造力」本
身的內容及教學法要有所了解。綜合學者們對於教學專業知識
（Grossman & Richert, 1988; Shulman, 1987）以及創造力教學相關概
念的詮釋，筆者認為教師必備的創造力教學專業知識包含「創造力
內容知識」（content knowledge for creativity）及「創造力教材教法
知識」（pedagogical knowledge for creativity）。

　　教師應具備的「創造力內容知識」包括了解創造力的定義、創
造力表現的必備條件（包括知識、意向、技巧／能力），以及影響
創造力發展的重要因素。教師應具備的「創造力教材教法知識」則
包括了解如何設計教導創造力的課程、創造力的有效教學策略與教
學行為，以及如何評量學生的創造力。

三、教師的專業能力

　　最後，一位成功的創造力教學者必須要有足夠的專業能力，方
能引發及促進有效的創造力學習。而教師首先必須要具備的能力即
為創造力；雖然教師本身不必然要是高創造力者，但具備某種程度
的小 C 應是必要的。

　　此外，創造力教學者，為使創造力教學的活動有效及順利地進

行，至少應具備下列能力：能有效地進行創造思考、能有創意地進行教學與課程設計、能有效地運用教材與教學資源、能適當地應用教學取向與教學策略、能有效地進行教學評量及能有效地使用後設認知。

貳 創造力教學的教學設計

創造力教學的成功關鍵在於引發學生思考的「心流」（flow）——一種極端的內在動機。這種經驗的產生，除了必須要有一些知識、意向及技巧作為基礎之外，還需要環境提供「適當」的刺激與挑戰；這些內在與外在的條件必須充分配合，方能產生學習效果。如何進行一較為完善的教學設計，以提供學生創造力發展的內在與外在條件，是作為二十一世紀的教師必備的能力。

教學設計的目的在於激發並支持個別學生的學習活動，其範疇主要是包括分析（analysis）、計畫（planning）、發展（development）、實行（implementation）、評量（evaluation）幾個部分。教學設計的模式眾多，如系統化教學設計（systematic instructional design）、變通性教學設計（alternative instructional design）、著重於教學工作分析的教學設計（an ID model focusing on instructional task analysis）、以教學交易理論為基礎的教學設計（instructional transaction theory）、強調系統動態取向的教學設計（a system dynamics approach to instructional systems development）（Tennyson, Schott, Seel & Dijkstra, 1997）。目前尚被大多數人使用的教學模式為系統化教學設計（systematic instructional design）。

Gagné 與 Brigg 認為「系統化法則」的目的在「鼓勵界定一個目標，並提供方法以檢核該目標是否已達成」。系統化教學設計的

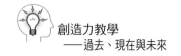

基本原則為（引自 Dick & Carey, 1990）：

一、模式中的各個步驟有其固定的運作程序：上一個步驟所產生的結果，總是下一個步驟的輸入；各步驟間有不可分割性，必須是環環相扣，缺一不可。

二、系統化教學設計的特點為重視教學過程中的每一因素：如學生特性的掌握、教材的選擇、行為目標的確立、評量方式等，以期達到最好的學習效果。

三、系統化教學設計強調目標導向、邏輯的順序和方法，及以任務分析為工具。

四、系統化教學模式可用來設計一學期、一單元或一節課的課程。

根據這些概念，Dick 與 Carey（1990）提出一個系統化的教學模式。此模式中的主要流程為：(1)確定教學目標。(2)進行教學分析與確認起點行為及特徵。(3)撰寫表現目標。(4)發展效標參照測驗。(5)發展教學策略。(6)發展及選擇教材。(7)設計並實施形成性評量。(8)設計並實施總結性評量。

筆者認為發展測驗題目應在決定教材及教學策略之後，且限定使用效標參照測驗過於狹隘。因此基於 Dick 與 Carey 的模式，筆者認為系統化教學設計的流程應包括：(1)訂定教學目標。(2)進行教學分析與分析學生的起點行為及特徵。(3)撰寫表現目標。(4)決定評量方式並發展評量工具。(5)發展及選擇教材。(6)選擇教學策略。(7)實施形成性評量。(8)實施總結性評量。當形成性評量的結果與預期結果有所差距時，教師應再次進行教學分析及分析學生的起點與特徵，並決定是否應修正表現目標、評量方式、教材、教法及評量題目等。最後，再實施總結性評量。整個教學設計的模式如圖6-2所示。

如前所述，教學設計的模式眾多，但從各種教學模式的內涵來看，不論採取何種模式，教學目標的訂定、課程的選擇與發展、教

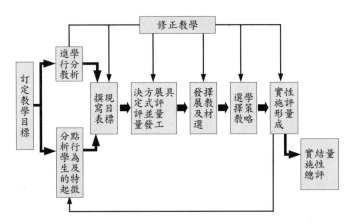

圖 6-2：葉玉珠修正之系統化教學設計模式

學策略的使用，以及教學評量的進行都是教學設計中的要素，只是其流程及所依據的理論基礎有所不同。這些模式各有其優缺點，本章不針對究竟應完全採取何種模式進行探討，而是針對創造力教學中前述三項要素（教學目標的訂定、課程的選擇與發展、教學策略的使用）的原則或方法做一些說明與分析。教學評量的原則或方法則在第九章中一併討論。

參 教學目標的訂定

Bloom、Englehart、Frust、Hill 和 Krathwohl（1956）將教育目標分為認知領域（cognitive domain）、情意領域（affective domain）及技能領域（psychomotor domain），這樣的分類雖曾遭到抨擊——即認知、情意及技能領域難以截然劃分，但仍有其參考價值。一般領域的創造力教學至少涉及認知及情意的學習，而技能的學習則與實作及表演藝術等領域（如舞蹈、雕刻）的創造力教學有

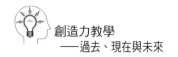
關。因此,創造力教學的教育目標至少應包含認知及情意領域。

一、認知領域的教學目標

(一) Bloom 等人的教學目標

Bloom 認知領域的教育目標分為知識、理解、應用、分析、綜合及評鑑六個層次:(1)知識層次著重的是辨識和回憶訊息。(2)理解層次著重的是轉換、組織和詮釋訊息。(3)應用層次著重的是使用事實、規則和原則解決問題。(4)分析層次著重的是把整體分割成部分;批判思考;辨識理由和動機;基於特定訊息做推論;分析結論

表 6-1:Bloom 六個認知層次的分類和常用動詞

層次	期待的思考類型	常用動詞
知識	辨識和回憶訊息	定義/描述/辨認/標示/列出
理解	轉換、組織和詮釋訊息	轉換/辯護/摘要/估計/解釋
應用	使用事實、規則和原則解決問題	改變/計算/演示/發現/操弄
分析	把整體分割成部分;批判思考;辨識理由和動機;基於特定訊息做推論;分析結論是否為證據所支持	構圖/分析/分化/比較/分辨
綜合	把觀點結合後形成一個新的整體;擴散思考、獨創的思考;獨創的提案、設計或故事	歸類/結合/統整/組合/創造
評鑑	發展觀點、判斷或決定;判斷觀點的優缺點;提供觀點;運用判斷規準	評估/決定/做結論/批評/判斷

註:整理自 1. *Educational psychology* (6th ed.), by A. E. Woolfolk, 1995, p.459. Needham Heights, MA: Allyn & Bacon. 2. *Educational psychology* (2nd ed.), by R. R. McCown, M. Driscoll and P. G. Roop, 1996, p.363. Needham Heights, MA: Allyn & Bacon.

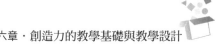

是否為證據所支持。(5)綜合層次著重的是把觀點結合後形成一個新的整體；擴散思考、獨創的思考；獨創的提案、設計或故事。(6)評鑑層次著重的是發展觀點、判斷或決定；判斷觀點的優缺點；提供觀點；運用判斷規準。在撰寫教案的具體目標時，這六個層次常用的動詞見表 6-1（McCown et al., 1996; Woolfolk, 1995）。

　　由 Bloom 認知領域六個層次的定義看來，後三個層次──「分析」、「綜合」及「評鑑」（尤其是綜合層次）──為創造力教學應強調的範圍，但這並不意謂創造思考的進行不需要前三個層次的認知技巧為基礎。如前所述，創造思考必須要有基礎層次的思考為基礎；因此，前三個認知層次的能力仍是必要的。以 Bloom 六個認知層次進行創造力教學課程規畫時，可參考表 6-2。

表 6-2：Bloom 六個認知層次的課程規畫矩陣

教學目標：＿＿＿＿＿＿＿＿＿＿＿＿＿＿＿＿＿＿＿＿＿＿＿＿

欲學習之關鍵概念：＿＿＿＿＿＿＿＿＿＿＿＿＿＿＿＿＿＿＿

可利用之教學時間：＿＿＿＿＿＿＿＿＿＿＿＿＿＿＿＿＿＿＿

	知識	理解	應用	分析	綜合	評鑑
教學目標						
教學目標的關鍵性問題						
教材或教學內容						
學習活動						
思考歷程或應使用之教學策略						
評鑑方法						
評鑑的規準						

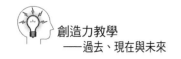

——過去、現在與未來

㈡ O'Tuel 和 Bullard 的思考技巧教學目標

O'Tuel 和 Bullard（1993）則提出一個強調思考過程的教學目標層次；此目標包含：⑴蒐集資料（collecting data）。⑵使資料產生關聯或澄清資料（relating/clarifying data）。⑶概念化（conceptualizing）。⑷運用過程技巧於資料、概念或關係的分析（using processes on data/concepts/relations）。⑸運用多重過程技巧於資料、概念或關係的分析（using multiprocesses on data/concepts/relations）（詳見表 6-3）。其中，最高層次的「運用多重過程技巧於資料、概念或關係的分析」所涉及的認知過程為問題解決、做決定、評價、綜合、創造／發明。可見，創造力教學應將目標定於最高層級的「運用多重過程技巧於資料、概念或關係的分析」；而此一層次與 Bloom 的「分析」、「綜合」及「評鑑」是互相吻合的。

二、情意領域的教學目標

在情意目標方面，Krathwohl、Bloom 和 Masia（1964）認為情意目標包括下列層次：

㈠接受（receiving）：對特定事物表示關切，如：注意、感受。

㈡反應（responding）：經由某種參與的形式，表示出對特定事物的反應，如：回答、認可。

㈢鑑賞（valuing）：對特定事物，透過正反面的態度而表示贊成或反對，如：支持、參與。

㈣組織（organizing）：遇到多種價值需要判斷時，可以組織並決定孰重孰輕。

㈤整合（characterizing）：學習者持續地依據所接受的價值行事，並將這種行為融入自己的人格之中，如相信、實踐。

表 6-3：O'Tuel 和 Bullard 的思考技巧及策略教學的目標層次

類　　別	過　　程	應　　用
蒐集資料	觀察	• 感覺——外表、材料、起源 • 情感——情緒、價值、個人意義 • 紀錄——精確、回憶、信度
使資料產生關聯性或澄清資料	描述 分類 辨認組型	• 物理特質；功能；關係；類推 • 關鍵屬性；比較異同；包含類別；階層的 • 過程；事件；目標；人
概念化	評鑑資料／關係	• 資料來源；權威；信度 • 資料／關係；因果關係；事實／想法 • 信度／機率；價值；相關性
運用過程技巧於資料、概念或關係的分析	做摘要 推論 組織／計畫 分析	• 做結論、評註 • 概化；如果……就；估計；預測結果／機率 • 發展架構、鷹架；使片段的資訊與整體產生關聯 • 將整體劃分為部分；使每一部分之間產生關聯；比較異同 • 產生解決方案、想法；如果……
運用多重過程技巧於資料、概念或關係的分析	問題解決 做決定 評價 綜合 創造／發明	• 使用上述過程解決問題，產生解決方案、驗證假設、評鑑 • 使用上述過程評估選擇，預測後果、評鑑、決定 • 評鑑個人的行動或選擇和／或個人的價值系統一致的程度 • 粹取／結合知識和／或一系列的過程，使成為一協調一致的整體 • 產生超越已被知悉或了解的新產品和／或過程

註：整理自 *Developing higherorder thinking in the content areas k-12*, by F. S. O'Tuel and R. K. Bullard, 1993, p.22. Pacific Grove, CA: Critical Thinking Press and Software.

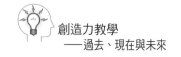

　　對於創造力教學活動的學習而言，至少「接受」與「反應」是必要的；而後三者對於創造性問題解決及創造性產品的評估則是非常重要的。若學生能「相信」創造力的重要性，並能將此信念積極「實踐」於日常生活中，則創造力教學可謂是十分成功的。

肆　課程設計原則

　　下列介紹 Resnick（1999）和 Schiever（1991）對思考教學的課程所提出的建議、O'Tuel 和 Bullard（1993）對高層次思考課程設計的階段論、Swartz 和 Parks（1994）的概念融入取向課程設計觀點，以提供教師在進行創造力教學的課程設計時之參考。

一、Resnick 的思考教學課程設計原則

　　Resnick（1999）認為一個具有活力的思考課程必須具備下列特點：

　　㈠對於知識的核心（knowledge core）有所承諾：即課程內容的安排是逐漸深入概念、課程與教學必須圍繞著主要的概念加以組織，以及教學和評量必須把焦點放在這些概念上。

　　㈡對於思考有高度的要求：即學生必須要提問題、解決問題、推理、做計畫、解釋觀點、反省自我的學習策略等。

　　㈢學生能主動應用知識：即學生能綜合歸納不同來源的訊息、應用與討論所學概念、使用先備知識、詮釋情境及建構解決方法。

　　㈣學生的談話是負責任的：即學生能對學習同伴、對知識、對所提出的證據與理由負責任，如學生對一個論點的提出會要求相關的證據與解釋，以及學生會互相詮釋與使用他人的論

點。

二、Schiever 的思考教學課程設計原則

Schiever（1991）則認為思考教學的課程設計應考慮下列原則：

㈠學生必須同時學習課程內容、學習過程及學習策略。

㈡課程內容必須是有效與有意義的，並能在深度及廣度之間取得一個平衡點。

㈢呈現事實的目的應在於說明主要的觀點及幫助學生形成新的概念。

㈣在課程中，觀點或內容應依照抽象程度及複雜程度順序呈現，而且認知過程的應用也應依照對智識需求的多寡順序來呈現。

㈤課程內容和過程應是可學習的，而且是可以因應學生的經驗、需求和興趣做適當調整的。

㈥課程內容應適用於不同學習風格的學生。

㈦評鑑計畫應為課程設計的一部分。

Schiever 的看法強調「課程與學生的交互作用」的問題，即課程設計如何因應學生的個別需求及個別差異。O'Tuel 和 Bullard（1993）也有類似的看法。

三、O'Tuel 和 Bullard 對高層次思考課程設計的階段論

O'Tuel 和 Bullard（1993）建議針對不同年齡層的學生，在教學及課程設計上所強調的重點應有所不同。他們認為幼稚園到三年級的階段為「獲取的階段」（acquisition）、四年級至七年級為「成就的階段」（achieving stage）、八年級至十二年級為「擴展及應用階段」（expanding, applying stage）、成人為在廣泛內容情境下之「延伸及改進階段」（extending, improving in large content）：

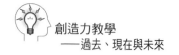

㈠獲取階段：此一時期兒童的主要發展任務在於找出他們所處
世界中的秩序，和學習如何將他們所觀察到的事項加以分類
及分組。

㈡成就階段：此一時期兒童的主要發展任務在於建立他們工作
及學習的習慣。

㈢擴展及應用的階段：此一時期青少年的主要發展任務在於發
展他們處理抽象概念的能力。

㈣延伸及改進階段：此一時期的成人著重於人際關係、專業的
問題解決及生活品質。

四、Swartz 和 Parks 的概念融入取向課程設計

Swartz 和 Parks（1994）也提出概念融入取向（conceptual-infusion approach），強調有助於學生思考能力提昇的課程設計應融合
「課外情境的思考技巧教學」與「使用教學策略促進課內情境的思
考」。概念融入取向的提出乃基於 1980 年代促進思考之課程的實際
教學結果所提出；這些結果可歸納為如下三點：(1)思考的教學愈明
確，對學生的影響愈大。(2)課室的教學愈具有審慎的思考氣氛，學
生會愈願意開放心胸去接受良好思考的價值性。(3)思考的教學愈能
與上課內容統合，學生愈能思考他們在學些什麼。

概念融入取向的主要優點在於：教導「大概念」不但是有效
的、令人興奮的，同時也能反應「真實世界」（real-world）的內
容；學生會思考較多且較懂得思考；常以跨學科方式教學，能加強
主要學科間的連結；學生所學習的思考技巧乃在為其未來因應社會
的要求做準備（Swartz & Parks, 1994）。此與九年一貫課程所強調
的主題統整教學是一致的。至於如何使用「概念融入取向」進行創
造力教學的課程設計，則有兩種情況，一為課外情境的（content-free），一為課內情境的（not content-free）。

(一)課外情境

就課外情境而言,教師可有如下作法:

1. 在缺乏使用創造思考的教科書中或教科書的結束章節,加入一些需要創造思考的問題。
2. 設計一些目前具有爭議性的問題,並進行討論。
3. 選取一些需要「創造力」的學習單,並每天挪出一點時間給學生練習。
4. 定期地與學生談論創造力的重要性。
5. 設計問題,並促使學生以腦力激盪的方式回答問題。
6. 把有關創造力的概念與創造力的重要性之標貼於教室中。
7. 談論創造力有多重要,以及教室中每一位學生如何成為創造思考者。

(二)課內情境

至於課內情境,則強調同時教導創造力技巧以及促進課程內容的學習。教師在進行此類課程設計時應思考下列問題:

1. 統整創造力的教學對你而言是什麼樣子?
2. 如何有計畫地讓學生每天都有機會進行創造思考?
3. 要求學生運用創造力的問題要如何才能變成所學內容的一部分,並與之配合?
4. 讓學生進行創造思考的課程領域之情境活動,要如何與其他領域互補?

五、小結

一個有助於學生創造力發展的課程設計是一項複雜且困難的任務。上述的課程設計原則不外乎強調課程內容本身、課程內容的組

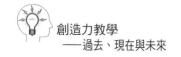

織及呈現方式必須要能夠因應學生的需求與能力，引領學生進入一個創造思考的情境，從而提昇其創造力表現所需的知識、意向與技巧，並培養其自省及自我監控的後設認知能力。教師在進行創造力教學時，應嘗試將上述學者所提出的原則及建議加以調整並融入課程設計當中。然而，在設計課程時可能會面臨一個問題：創造力技巧是應該獨立於課程內容的教學之外，或是應該融入其中？雖然二者可並行，但就目前國內的教學環境而言，後者應較適用於大部分較有進度壓力的學科。將創造力技巧的教學融入課程中可謂一舉兩得；一方面可以教導創造力的技巧，一方面可以促進課程內容的學習。

伍 教學策略發展原則

一、選用適當的教學模式

選用適當的教學模式是發展教學策略的第一要務。O'Tuel 和 Bullard（1993）認為適合高層次思考教學的模式可分為「演繹模式」（deductive models）和「歸納模式」（inductive models），以下即對這二種教學模式或取向做一簡介。

(一)演繹模式

演繹式的教學模式通常是始於一個較大概念的學習，然後將之分為幾個部分，逐步進行教學；簡言之，即從「一般」到「特殊」。當教學的目標是「思考的教學」（teaching of thinking），即直接教導思考技巧時，演繹模式為適當的教學模式。演繹模式有如下優點：

1. 有助於長期記憶中訊息的儲存。

2. 從一般到特殊的訊息呈現方式，使學習者能清楚知道應將特定的訊息儲存於何處，尤其是當教師提供外在組織架構（external organizers）時。

3. 減少浪費時間。

4. 容易觀察並掌握學生花費在每一個學習任務的時間。

5. 當訊息或時間很短時，演繹教學可能是最有效率的。

6. 用於思考技巧的教學是很有效的教學方法。

演繹模式中最常見的模式為「直接教學模式」（direct-instruction model）；「直接教學模式」是一種以教師為中心的策略，即使用教師說明並結合學生的練習和回饋的模式，來教導思考概念與技巧。因此，教師必須對課程目標的定義負責，並且在對學生解釋概念與技巧的過程中扮演一個行動的角色。此外，教師對於所教導過的概念和技巧必須給與學生練習的機會，並在過程中提供回饋。簡言之，直接教學模式可分為四個階段（簡要說明見表 6-4）（Eggen & Kauchak, 1996）：

1. 導論（introduction）

(1)介紹焦點：包括複習以前學過的教材；確定學生對先前教過的教材很熟悉而且了解其與新教材之間的關聯；將學生帶進

表 6-4：直接教學模式的階段

階　　段	目　　　　　的
導論	提供新內容的綱要、發現學生先備知識與幫助學生了解新舊內容的連結關係。
呈現	解釋新內容並以教師互動的形式來形塑。
引導練習	提供學生機會以試驗新的內容。
獨立練習	提供學生練習新的概念或技巧的機會以強化保留和遷移。

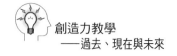

課程並維持其專注力。

(2)課程概覽：讓學生知道課程的目標、內容的摘要與整個進行程序。

(3)激發學習動機：讓學生知道「為何」及「如何」進行此主題，有助於維持其專注力。

2. 呈現（presentation）

教師必須解釋概念以及示範，以幫助學生理解主題的意義。但有些內容要以簡單以及對學生有意義的方式加以概念化並清楚表達出來是很困難的；此時，教師可透過工作分析（task analysis）或進行互動討論、例子分享等方式來增進學生的理解。

3. 引導練習（guided practice）

在引導練習過程中，有兩點是教師必須要注意的：

(1)了解學生的思考方式：師生間的互動在此階段是很重要的；它能讓教師知道學生的思考方式且能適時修正學生的迷思概念。因此，當學生進行實際的練習時，教師必須仔細觀察學生的進步情形並給與適當的立即性回饋，例如問一些澄清、探索性問題來確認學生是否真正理解。

(2)責任漸次轉移：在練習過程中，教師必須從資訊提供者轉變為輔導者，而學生則從訊息接受者轉變為主動的知識建構者。在練習初期，教師應多提問探索性的問題來提昇學生思考與應用的能力，並適時地提供鷹架讓學生獲得成功經驗；之後，教師逐漸減少提示與協助，將責任轉移給學生。

4. 獨立練習（independent practice）

在此階段，教師必須監控學生的學習過程並視需要給與協助。學生成功的機率與所遭遇的問題都能幫助教師診斷學習問題。

除了「直接教學模式」之外，許多學者或課程也提出不同的模式，例如 Ausubel、Beyer 及 PET（The Program for Effective Teach-

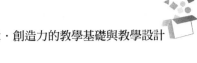

ing）。Ausubel（1963）模式之教學步驟為：(1)給與前導架構（教師發展空間矩陣、類比等）。(2)呈現次級的概念及例子。(3)分析矩陣、類比或概念間的關係。(4)評鑑。PET 模式之教學步驟為：(1)呈現教師的期望。(2)敘述具體目標。(3)進行教學以達成具體目標。(4)監控與調整。(5)使學生集中注意力。(6)結語（引自 O'Tuel & Bullard, 1993）。

Beyer 的模式之教學步驟則為：(1)介紹欲學習之技巧。(2)伴隨者許多的示範例子，逐步練習每一種技巧。(3)學生個別應用所學技巧於所熟習的情境。(4)遷移和精緻化——應用到新的情境和較為複雜的形式。(5)在新情境中進行引導式的練習。(6)自動化的使用（引自 Clarke, 1990）。

(二)歸納模式

歸納的教學模式是從「特殊」到「一般」；當教學的目標是「為思考而教學」（teaching for thinking），或當希望學生經由比較的過程思索次級概念之間的關係時，這種教學方法尤為適合。歸納模式的主要優點為：(1)促進學生對所學概念的理解和日後的訊息提取。以及(2)增進高層次思考活動的學生參與動機。而缺點則為：(1)在教師引導的過程中，花費較多的班級時間使學生從事相關的學習活動。(2)需要花費更多的時間於計畫與組織學習活動及課程。(3)當學生沒有足夠的先備知識時，教學效果可能不佳。

歸納模式可用來教導概念、普遍性、原理和學術的規則，同時強調高層次思考；此模式乃基於建構主義者之學習觀，強調學習者積極地參與和建構自己對於特定主題的理解。使用歸納模式時，通常教師會先安排把目前的資訊提供給學生，讓學生在這些資訊中尋找模式。藉由尋找模式，學生得以練習高層次的思考技巧和建構知識。在此過程中，教師的角色主要是提供足夠的指導、防止學生離

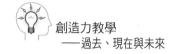
題太遠,以及確保學生能有效建構知識。此外,運用歸納模式的成功與否取決於用來說明教學主題案例的品質;高品質的案例應具有概念的特性,或是相當程度的普遍性、原理、規則等。

歸納模式的五個主要教學階段為(Eggen & Kauchak, 1996):

1. 課程介紹(lesson introduction):老師透過一些案例告訴學生,讓他們知道其任務是尋找這些案例的組型或是不同之處;因此,教師可以使用不同的方式介紹即將進行的課程內容、課程進行的方式,以吸引學生興趣。

2. 開放階段(open-ended):此階段強調學生從案例中建構知識的過程。教師應該要求學生從案例中去觀察、描述和比較;其進行方式可透過互動的方式(如分組討論),讓每個學生有提供意見的機會,以促發其原本可能已經具有的知識。

3. 聚斂階段(convergent):為使學生學會教學目標中所描述的概念、原則或規則等,老師必須對學生的回答範圍有所限制,以引導他們逐步確認概念、原則或規則等的關係和特點。

4. 歸結階段(closure):在歸結階段中,學生必須要能辨認概念的特徵、原則的敘述、概念化的陳述或規則。

5. 應用階段(application):為使所學習的概念、原則或規則有意義,學生必須能在「真實世界」的情境中應用它,即達到遷移的效果。應用階段典型的任務包括課堂作業或是家庭作業。

基於歸納模式的主要架構,已有許多教學模式被提出,例如探究模式(inquiry model)及 Taba 的模式。探究模式之教學步驟為:(1)確認問題。(2)產生假設或發展一研究目標。(3)蒐集資料。(4)詮釋資料對於假設的意義。(5)發展暫時性的結論。(6)證實或重複驗證。(7)概化結果(O'Tuel & Bullard, 1993)。Taba(1967)模式之教學步驟則為:(1)列舉。(2)分類。(3)命名。(4)做成提取圖。(5)推論。(6)比

較異同。(7)概化。(8)提出合理支持的論證。

　　另外，早期較常見的創造力教學取向或模式（包括威廉氏創造思考教學模式、Osborn 的 SCAMPER 模式、De Bono 的六頂思考帽、Parnes 的創造性問題解決教學模式、統合思考教學取向等）以及最近因應教育改革潮流所強調的教學取向（包括 STS 教學模式、主題統整教學、創作性戲劇教學、討論教學等）均可運用於創造力教學；這些教學模式將在第八章做較為清楚的介紹。

　　總之，在進行創造力教學時，無論是上述的歸納模式、演繹模式，或是第八章將介紹的教學模式與取向，均有其適用時機，因此沒有所謂的「最佳模式」，教學者必須參酌每一模式的特徵，在適當的教學情境中做有彈性調整、選擇或結合來應用。

二、創造力教學的迷思

　　發展教學策略的目的在強化創造力必備的個人特質，因此在發展教學策略的同時，教師必須先破除思考教學的迷思並建構正確的認知，方能有效發展教學策略。

　　Sternberg 和 Spear-Swerling（1996/2000）提出了一些在思考教學上，教師常有的迷思與應有的認知，這些迷思同時也是教師在進行創造力教學時常有的迷思，因此在此提出以作為教師在進行創造力教學時的參考。Sternberg 和 Spear-Swerling 指出，教師對思考教學常犯的迷思為：

　　㈠教師的工作就是教，學生的責任就是學：教師應把自己看成是學習者，而非只是教學者。此外，教師應該正視自己的弱點，並營造自然的教室氣氛，以教學相長。

　　㈡思考是學生的事，和老師無關：若老師只是等著學生思考，自己完全不動腦筋，這就是思考教學莫大的潛在危機。

　　㈢選擇正確的教材最重要：任何學科都沒有單一最佳教材；教

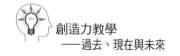

材必須加以修改，以配合學生的需求。

㈣二分法的教學方式：常有教師將創造思考教學分為融入的教學（infused instruction）和分立的教學（separate instruction），或是過程導向教學（process-based instruction）和整體教學（holistic instruction）。事實上，有效的思考教學常需要使用不同的教學方式，以符合不同情境、不同學生的需求。

㈤答案正確最重要：強調思考的問題往往沒有正確的答案；就算有，解題過程應該比答案重要。所以，思考教學應強調思考過程的重要性。

㈥班級討論只是達成目標的手段：在思考教學中，歷程是很重要的。班級討論能激發學生的思考歷程；因此，它也是重要的教學目標。

㈦精熟學習的原則可用於任何教學，當然也適用於思考教學：思考教學的評量常常是沒有正確答案的，因此精熟學習的原則不見得適用。

㈧思考教學就是教學生思考：思考教學應是在營造有利的環境，而非直接告訴學生如何思考或解題；學生應該學會教自己思考。

創造力教學的教學目標之一，是在使學生能有效解決日常生活問題，以使其生活得自在、快樂，更甚者能對社會有所貢獻，而日常生活問題的解決往往需要許多的創造思考。因此，如何將日常問題的解決融入創造力教學中，是教師必須深思的問題。然而，教師對於日常生活問題的本質，常常認識不清，因而在教學過程中容易為一些迷思所困惑，導致無法有效將創造力教學與日常生活問題解決加以結合。針對此一問題，Sternberg 和 Spear-Swerling（1996/2000），也提出教師應有的認知，這些認知如下：

㈠在日常生活中，解決問題的第一步為確定問題的存在：老師

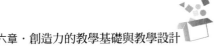

應引導學生確定問題，甚至發掘問題。卓越的藝術家、科學家等與一般人的重要差異即在於他們看待問題的大小、眼界和重要性都異於常人。

㈡碰到日常問題時，通常比較難懂的是問題本質，而不是解決方法：學校的作業習題，往往題意明確，但日常生活碰到的問題往往不是如此，必須要先確定問題，明白問題的本質，方能有效解決問題。

㈢大部分日常問題是結構雜亂無章的：問題可以分為結構型（structured）和非結構型（ill-structured）的兩類。學校的訓練多屬於結構型的，然而日常問題或是創造思考往往是非結構型、雜亂無章的，需要洞察力。

㈣解決日常問題，通常很難釐清相關資訊，也不曉得從何處下手：在課堂學習中，老師往往會提供相關資訊，因此可以輕鬆解決問題。但是在日常生活中，往往必須靠自己尋找相關訊息並釐清所有的訊息。

㈤解決日常問題，需要考慮當時狀況：面臨現實問題時，我們往往必須考慮因果關係和一些難纏的情況，因此對於問題情境必須要有足夠的敏感性。

㈥日常問題通常沒有單一標準答案，甚至很難找到最好的答案：世事變幻無常，許多事情是無法預測的，因此我們只能盡力去解決不可預知的問題，處理突發後果。

㈦處理日常問題，正式知識和非正式知識一樣重要：非正式的知識乃從經驗中，藉由潛移默化的方式獲得，而這樣的知識對於日常生活問題的解決，往往扮演關鍵性的角色。

㈧在日常生活中，重要問題的決策影響深遠：在課堂上解題失當，通常是無傷大雅，但日常問題的不當決策與處理，甚至攸關生死。因此，在決策前對於問題前因後果的充分考慮是

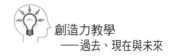

不可或缺的。

(九)解決日常問題，常常要靠團隊力量：在現實生活中，只會獨立思考而無法集體思考、群策群力者，常常無法有效解決日常問題。

(十)日常問題可能複雜、混亂又揮之不去：日常問題不但複雜、雜亂無章，而且是不管你願不願意，它就是出現在你腦海，不斷地侵襲與困擾你。

三、有效創造力教學的原則

欲發展有效的創造力教學策略，教師除了必須破除思考教學的迷思之外，必須考量目前教改潮流與趨勢所強調的思考教學相關理念，將其融入教學策略的規畫中，以達到最佳的教學效果。目前教改潮流與趨勢所強調的教學原則包括腦力導向學習（brain-based learning）、建構主義教學、建設性的教室氣氛，以及知名學者Costa（1985）所提出的思考教學原則等，以下即逐一做一介紹。

(一)腦力導向教學原則

近年來，神經科學在功能性磁振造影（functional magnetic resonance imaging, FMRI）、正子造影（positron emission tomography, PET）等先進儀器的輔助之下，得以對人類腦部的運作有更為清晰的了解，因此提供了過去在教育與心理領域無法明確解釋現象的一些實際的支持證據。基於腦部相關的研究發現，Caine 和 Caine（1995）指出學習必須考慮所謂的「腦力相容」（brain-compatible）；「腦力相容」的主要特徵為：

1. 學習是意義建構的（sense-making）、相關的，並且可以運用到學生的日常生活。
2. 學生有機會做深度的訊息處理、有時間產生自己的例子，並

且有機會討論如何運用相關訊息。

3. 學習應強調智能的發展，學習如何進行有效學習、決策、創造力和問題解決，而非只是知道許多事實。

4. 學習氣氛具有低度威脅性和高度挑戰性。

由「腦力相容」的特徵看來，欲使教學效果最大化，教師必須了解何謂「腦力導向學習」（brain-based learning）。強調「腦力導向學習」之主要概念或原則如下（Caine & Caine, 1995; Jensen, 1998）：

1. 人腦是平行的處理器（parallel processor）：「平行處理」意味可同時執行數個功能。因此，有效的教學應該要能統整與安排所有平行處理的向度，而這樣的統整與安排必須基於可行的理論與方法。

2. 學習涉及整個生理機制（the entire physiology）：學習是為學校和生活經驗所影響的。「腦力導向學習」必須將壓力管理、營養、運動、毒品教育和其他攸關健康的領域等融入學習當中。

3. 追尋意義的能力是與生俱來的（innate）：追尋意義（使我們的經驗有意義）是生存取向（survival-oriented），而且是人腦的基本功能。因此，學校必須營造一個穩定和熟悉的學習環境。

4. 追尋意義透過組型（patterning）產生：當腦部統整訊息的自然能力被教學所喚起時，許多原本不相關或看似隨機的訊息和活動就會被呈現和同化。因此，幫助學生建構與創造具有個人意義的組型有助於訊息的統整與學習。

5. 情緒對學習有關鍵性的影響：任何教訓或人生經驗所引發的情緒，可能會在事發之後很長一段時間內仍然持續著，並對個人造成很大的影響。因此，情緒的氛圍必須是支持的，並

且能使學習者感受到互相尊重和接納。

6. 腦部是同時知覺和創造部分與整體的（parts and wholes）：部分與整體在概念上是互動的；他們從彼此的互動產生意義。因此，學習活動必須將真實的與全語言（whole-language）的經驗融入。

7. 學習同時涉及焦點注意（focused attention）和表面知覺（peripheral perception）：腦部會對教學互動中所在的全部感官情境產生回應。

8. 學習總是涉及意識和無意識的過程：教學設計應透過強調表面情境（peripheral context）和教學，幫助學生從無意識的處理過程中獲益最大化。

9. 我們有兩種記憶：我們有空間記憶系統（spatial memory system）和機械學習系統（rote learning system）。教學應強調空間記憶系統的運用，而非機械學習系統的運用。

10. 當事實和技巧內嵌於自然的空間記憶時，腦部的了解和記憶效能是最好的：空間記憶通常最容易經由經驗學習來促發。因此，多提供一些「真實生活」（real life）的活動有助於學習。

11. 挑戰能促進學習而威脅會抑制學習：教師應營造低威脅、高挑戰的學習氣氛。

12. 每一個人腦都是獨一無二的：教師應提供多元教學，以允許所有學生能表達其視覺的、觸覺的、情緒的，或一般的偏好。

由此看來，教師應營造輕鬆的教室氣氛以符應腦部需要挑戰性與建構意義的需求；同時，教師也應將學生的相關經驗融入教學設計中，以協助學生達成有意義的學習。最後，教師應透過教學活動促進學生主動的訊息處理，以使其學習能內化成具有個人特色的學習。

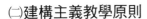

(二)建構主義教學原則

建構主義者相信「事實」（reality）存在心中，學生會基於個人經驗、心理架構（mental structures）和信仰建構與詮釋事實或真相；因此，學生具有尋找訊息的內在動機，而這樣的動機需要被激勵或促發。此外，建構主義者認為教學應強調情意領域、使教學與學生經驗產生關聯，以及發展學生自我調節能力和促進其自治能力。他們同時也非常重視主動的、建構的、反省的、發現導向的、社會互動的和內在動機導向的學習。若這些觀點能被適當地統整與運用與教學當中，應可促進成功的創造力教學（Hannafin, 1992; Lebow, 1993; Jonassen, 1991 Winn, 1991;）。

基於這樣的觀點，學者們（Hannafin, 1992; Jonassen, 1991 Lebow, 1993; Winn, 1991）提出下列教學原則；這些教學原則可作為創造力教學的參考：

1. 教師的功能在於提供鷹架教學以支持並幫助學生思考：教學必須要考慮回應環境需求的一些原則；一位教師的責任乃在協助學生建構與表徵外在世界的意義。

2. 教學必須強調過程導向：這是非常重要的，因為學習是一個持續的過程，而在此一過程中透過不斷地逐步修正與精進，才能對事物有充分的了解。

3. 教學必須強調情境導向（context-driven）：學生必須要能使用一些將所學運用到各種不同生活情境的策略。因此，學習應該是情境依賴的，應該將實際的相關生活經驗融入教學當中。

4. 學習動機必須被激發與提昇：教師必須強化學生從事有意圖的學習與主動建構知識。

5. 真實的活動（authentic activity）有助於營造建設性的學習環

境：真實的活動有三個主要特徵：學習主控權（ownership by the learner）、專案導向（project-based）、多元觀點（multiple perspectives）；因此，真實的活動重視與生活經驗的關聯性。

㈢營造建設性學習環境原則

由上述腦力導向和建構取向的教學原則與建議，均可看出建設性學習環境對成功的創造力教學之重要性，但要如何創造一個建設性的學習環境呢？McCown、Driscoll 和 Roop（1996）提出下列建議：

1. 給與立即和正向的回饋。
2. 使思考時間最大化。
3. 使壓力與焦慮最小化。
4. 善用同儕支持。
5. 鼓舞自信。
6. 使學生主動參與學習活動。
7. 提昇自我效能（self-efficacy）。
8. 提供成功的經驗。
9. 創造適度的挑戰。
10. 創造互動的機會。

㈣ Costa 的三個思考教學原則

Costa（1985）曾提出三個思考教學的原則：為思考而教學（teaching for thinking）、思考的教學（teaching of thinking）、關於思考的教學（teaching about thinking）。在進行創造力教學時，這三個教學原則是值得教學者深思的。針對創造力教學，筆者將其修正如下：

1. **為創造思考而教學**（teaching for creative thinking）

即營造能促進創造思考發展的學校與教室環境。而要營造這樣的環境，可透過下列方式：

(1)老師提出問題，並以似是而非（paradox）的陳述、進退兩難的情境，及分歧的意見進行干預，以使學生嘗試解決問題。

(2)老師必須建構有利於學生思考的環境，即肯定此一作法的價值、願意花時間去做，使支援物資無匱乏之憂，並評鑑其成長。

(3)為維持一個能創造互信、允許冒險及具有實驗性、創造性和正面的學校和教室氣氛，老師對學生的看法應做適當的回應。

(4)老師應示範希望學生達成的創造思考行為。

2. **創造思考的教學**（teaching of creative thinking）

即教導學生創造思考的技巧和策略。創造思考的技巧和策略為學生創造力表現的關鍵因素，因此在創造力的教學過程中，教師必須教導學生必要的創造思考的技巧，而這些技巧在第三章已有詳細的敘述，在此不再贅述。

3. **關於創造思考的教學**（teaching about creative thinking）

即幫助學生知覺他們自己和別人的創造思考歷程，以及如何將這些認知歷程運用於日常生活和問題解決情境。欲達到此目的，教師可強化學生對腦部功能的認知、後設認知，以及對知識論的認知（epistemic cognition）。

Costa（1985）也進一步提出一些教師改善自我思考教學能力的方法，茲將其修正如表 6-5，供教師在進行創造力教學時之參考：

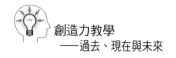

表 6-5：教師改善自我創造力教學的方法

教學層面	精熟所學習的創造思考技巧	應用創造思考技巧
為創造思考而教學	• 邀請他人觀察一堂課，然後要求其給與回饋（有關發問技巧、教室組織和反應行為）。 • 自願為同事做相同的事。	• 統合不同學科領域的創造思考技巧。 • 奉獻最多的時間於教導創造思考。 • 與同事分享觀念和教材。
創造思考的教學	• 邀請他人觀察直接教導創造思考技巧的課程，並請其給與回饋。 • 應用個人於訓練課程所學的知識於教學中。 • 每週花二到三小時直接教導創造思考技巧。	• 區辨幾個主要教導創造思考技巧課程的不同點。 • 診斷學生的認知不足，並加以治療。 • 分析學生精熟學校學科的先備認知技巧，並將這些技巧融入教學中。
教導何謂創造思考	• 邀請同事觀察一次有關哲學／知識論討論的上課情形，並請其給與回饋，以便改進。 • 閱讀和參加課程、演講；看有關哲學、認知、腦部功能等的錄影帶。 • 與學生討論學習的影響力及思考風格（modality）。	• 選擇教材和教授課程；課程中應包含比較策略性的推理、知識的產生和創造力。 • 與學生討論人工智慧、宣傳評析和學習策略。 • 在學生面前建立後設認知的楷模。

註：整理自 Teaching for, of, and about thinking, by A. L. Costa, 1985, pp.21-23. In A. L. Costa (Ed.), *Developing minds: A resource book for teaching thinking.* Alexandria, VA: Association for Supervision and Curriculum Development.

四、小結

從以上所介紹的思考教學迷思、腦力導向學習、建構主義教學、建設性的教室氣氛以及創造思考教學原則等，我們可以發現教師要能夠選擇與有效運用的創造力教學策略，進而達到最佳的創造

力教學效果，必須要對創造力教學有正確認知與心態、對腦部運作有充分的了解，且其教學應強調過程導向、內在動機的提昇、課堂學習與真實生活經驗的結合、輕鬆自在的教室氣氛，以及後設認知能力的培育。

陸 結語

　　創造力的定義雖然至今仍無定論，但從相關的理論與研究發展趨勢來看，學者們似乎已達成一個共識，那就是創造力的表現與發展涉及許多個人特質及環境因素。根據 Csikszentmihalyi 的看法（1990），創造力的產生首先要具備的條件是產生「心流」（flow）──「人們處於完全投入一個活動的狀態；即使投入這項活動必須付出極大的代價，人們仍然願意去做它，因為此一經驗本身帶給人們無比的喜悅。」（p. 4）「流」可說是極端的內在動機。這種經驗的產生除了必須要有一些智能、知識及技巧為基礎之外，還需要環境提供「適當」的刺激與挑戰；這些內在與外在的條件必須充分配合，方能產生最佳效果。當教師提供創造性的挑戰工作，而學生沒有具備足夠的技巧與知識時，學生可能會產生挫折感；而提供挑戰性太低的工作也不可能激發學生的創造「心流」。因此，如何提供學生創造力發展的外在條件是作為二十一世紀的教師必須積極實踐的任務。

　　何謂最有效的創造力課程教學設計？這個問題就像創造力的定義，是複雜而沒有定論的。然而，本文所提及的教學設計相關概念應可作為教師在進行創造力教學設計時之參考。最後，創造力教學最終應實踐於日常生活；因此，教師的角色在於建構一座能夠將課堂學習與真實生活情境結合的橋樑。

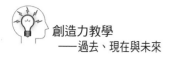

第七章

創造力教學的模式與取向

創造力教學有很多名字。
軟弱的人說,創造力教學叫作不可能;
信心不堅的人說,那是未知。
思慮周到和英勇的人說,
創造力教學叫作希望。
　　　　　　—筆者,改自雨果—

發展教學策略是創造力教學設計中關鍵的一環,而慎選教學模式更攸關教學策略能否有效運用。本章首先針對過去常使用的五個創造力教學的取向模式做一介紹。其次,就近年來教育改革發展的趨勢,提出四種未來創造力教學取向的建議與內涵介紹。

壹 早期創造力教學的模式

以下介紹四個早期較常見的創造力教學取向或模式,包括威廉氏創造思考教學模式、Osborn 的 SCAMPER 模式、De Bono 的六頂思考帽、Parnes 的創造性問題解決教學模式,以及 Ruggiero 的統合思考教學取向。

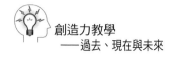

創造力教學
——過去、現在與未來

一、威廉氏創造思考教學模式

威廉氏創造思考教學模式主要包含三大層面：課程（教材內容）、教師行為（教學策略），以及學生行為；此模式強調教師乃透過課程內容、運用創造思考教學的策略，來增進學生的創造行為（引自陳龍安，1998）。威廉氏創造思考教學模式所涵蓋的三個層面如下：

　　㈠課程（教材內容）：包含語文、數學、社會、自然、音樂、
　　　美勞等課程。

　　㈡教師行為（教學策略）：包含矛盾法等十八種教學策略（見
　　　表 7-1）。

　　㈢學生行為：包含認知與情感兩大領域，共八種學生行為（見
　　　表 7-2）。

表 7-1：威廉氏創造思考教學模式的十八種教學策略

名　　稱	定　　義
1. 矛盾法	發現一般觀念未必完全正確；發現各種互相對立的陳述或現象。
2. 歸因法	發現事物的屬性；指出約定俗成的象徵或意義；發現特質並予以歸類。
3. 類比法	比較類似的各種情況；發現事物間的相似處；將某事物與另一事物做適當的比喻。
4. 辨別法	發現知識領域不足的空隙或缺陷；尋覓各種訊息中遺落的環節；發現知識中未知的部分。
5. 激發法	多方面追求各項事物的新意義；引發探索知識的動機；探索並發現新知識或新發明。
6. 變異法	演示事物的動態本質；提供各種選擇、修正及替代的機會。

（續上表）

名　　稱	定　　義
7. 習慣改變法	確定習慣思想的作用；改變功能固著的觀念及方式，增進對事物的敏感性。
8. 重組法	將一種新的結構重新改組；創立一種新的結構；在零亂無序的情況裡，將訊息加以組織並提出新的處理方式。
9. 探索的技術	探求前人處理事物的方式（歷史研究法）；確立新事物的地位與意義（描述研究法）；建立實驗的情境，並觀察結果（實驗研究法）。
10. 容忍曖昧法	提供各種困擾、懸疑或具有挑戰性的情境，讓學生思考；提出各種開放而不一定有固定結局的情境，鼓勵學習擴散思考。
11. 直觀表達法	學習透過感官對於事物的感覺，來表達感情的技巧；啟發對事物直覺的敏感性。
12. 發展調適法	從錯誤或失敗中獲得學習；在工作中積極的發展而非被動的適應；引導發展多種選擇性或可能性。
13. 創造者與創造過程分析法	分析傑出而富有創造力人物的特質，以學習洞察、發明、精密思慮及解決問題的過程。
14. 情境評鑑法	根據事物的結果及含義來決定其可能性；檢查或驗證原先對於事物猜測是否正確。
15. 創造性閱讀技術	培養運用由閱讀中所獲得知識的心智能力；學習從閱讀中產生新觀念。
16. 創造性傾聽技術	學習從傾聽中產生新觀念的技巧；傾聽由一事物導致另一事物的訊息。
17. 創造性寫作技術	學習由寫作來溝通觀念的技巧；學習從寫作中產生新觀念的技巧。
18. 視覺化技術	以具體的方式來表達各種觀念；具體說明思想和表達情感；透過圖解來描述經驗。

註：修改自創造思考教學的理論與實際，陳龍安著，1998，頁 59-61。台北：心理。

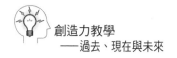

表 7-2：威廉氏創造思考教學模式的八種學生行為

名　　稱	定　　義
認知領域	
1. 流暢的思考	● 思路的流利；反應數目的多寡。
2. 獨創的思考	● 持有特異的反應；提出聰明的主意；產生不同凡響的結果。
3. 變通的思考	● 提出各種不同的意見；具有移轉類別的能力；富有迂迴變化的思路。
4. 精密的思考	● 能夠修飾觀念；拓展簡單的主意或反應使其更趨完美；引申事物或看法。
情感領域	
5. 冒險心	● 勇於面對失敗或批評；勇於猜測；辯護自己的想法及觀點。
6. 挑戰心	● 積極找尋各種可能性；明瞭事情的可能及與現實間的差距；能夠自雜亂中理出秩序；願意探究複雜的問題或主意。
7. 好奇	● 富有尋根究底的精神；願意接觸曖昧迷離的情境與問題；肯深入思索事物的奧妙；能把握特殊的徵象，觀察其結果。
8. 想像心	● 將各種想像加以具體化；喜於想像未發生過的事物；依憑直覺的推測；能夠超越感官及現實的界限。

註：修改自創造思考教學的理論與實際，陳龍安著，1998，頁 62-63。台北：
　　心理。

二、Osborn 的 SCAMPER

　　SCAMPER 為 Osborn 所提出，它是一個可以幫助我們思考如何把現存的產品加以改變後，形成一個新產品的檢核表。SCAMPER 為 取 代（substitution）、結 合（combination）、調 整（adaptation）、修正（modification）、改變用途（putting to other uses）、消除（elimination）、重新安排（rearrangement）等七種策略的簡

稱，其定義以及可能發問的問題如表 7-3（張玉成，1984；Infinite Innovations, 2005）：

表 7-3：SCAMPER 的定義及可能發問的問題

名　　稱	定　　義	可能發問的問題
取代 substitution	想想看你的產品／過程有沒有哪些部分是可以被取代的。	• 何者可以被取代？有沒有其地點、程序、人、材質可取代？我可以取代哪些部分來改善產品？
結合 combination	想想看能不能把兩個或兩個以上的問題或機會加以結合，以產生不同的產品／過程或促進統合（synergy）。	• 什麼物質、特質、人、過程、產品或成分可以被結合？ • 在哪裡可以建構這樣的結合？
調整 adaptation	想想看產品／過程的哪些部分可以加以調整以消除問題，或想想看如何改變產品／過程的本質。	• 我可以改變產品／過程的哪一部分？ • 有沒有不協調的地方？ • 如果我改變某一成分的特徵會怎樣？
修正 modification/ distortion	想想看如何改變現況，或想想看如何以不尋常的方式稍做扭曲。	• 如果我把產品／過程做一些修正會怎樣？ • 可否改變物品的大小、顏色、聲音、形式等？ • 如果我扭曲或誇大一個特徵／成分會怎樣？
改變用途 putting to other uses	想想看是否能改變現況／產品／過程的用途，或想想看是否有其他地方可以使用這個產品／過程。	• 有沒有其他地方或市場可以使用這項產品？ • 有沒有其他新方法、新用途或新功能？
消除 elimination	想想看如果消除產品／過程／問題／不同的部分會怎樣，並想想看要怎麼做。	• 是否有可排除、省略或消除之處？ • 如果消除某一部分或某一成分會怎樣？

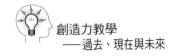

（續上表）

名　　稱	定　　義	可能發問的問題
重新安排 rearrange- ment	想想看如果產品／過程／問題中有部分是以完全相反或不同的順序呈現時，你會怎麼做。	• 如果以完全相反的方式來做會怎樣？ • 有沒有可以旋轉、翻轉或置於相對位置之處？ • 可否交換組件、順序？

三、六頂思考帽

㈠六頂思考帽的內涵

六頂思考帽（Six Thinking Hats）為一促進思考的教學策略，為 De Bono（1990/1996）所提出。所謂六頂思考帽係指白色（White Hat）、紅色（Red Hat）、黑色（Black Hat）、黃色（Yellow Hat）、綠色（Green Hat）、藍色（Blue Hat）等六種顏色的思考帽，其象徵意義、思考特徵及常問問題如表 7-4。

表 7-4：六頂思考帽的內涵

顏色	象　徵	思考特徵	常問問題
白色	中立、客觀	客觀的事實與證據	• 我們已有哪些資料／資訊？ • 我們還需要哪些資料／資訊？我們如何去得到所需的資料／資訊？ • 這件事情的實際狀況究竟如何？
紅色	憤怒、狂暴、情感	情緒和感覺、直覺、價值觀、感性	• 你／妳的感覺是什麼？

（續上表）

顏色	象徵	思考特徵	常問問題
黑色	憂鬱、負面	反證僧官、合理和真實的認定、負面的因素——為什麼不能做	• 它是真的嗎？ • 它管用嗎？ • 它合適嗎？ • 會有危險和困難嗎？
黃色	陽光、耀眼、正面	樂觀、希望、正面的思考、建設性、機會	• 有什麼利益功能？ • 為何說它有利益或功能？
綠色	草地、生意盎然、豐美	創意與新的想法、前進、誘因	• 有什麼計畫與建議？ • 有什麼新構想？ • 有什麼替代方案？
藍色	冷靜、天空的顏色、在萬物上方	控制與組織思考過程、控制其他五種思考帽的使用、樂團指揮	• 我們當今思考進行到哪裡？ • 下一步怎麼進行？ • 思考計畫為何？ • 如何做摘要、評論？

㈡六頂思考帽的目的與價值

六頂思考帽讓我們能夠指揮自己的思想，正如樂團的指揮一般。我們可以按照自己的意願，叫出任何一種思考方式，並以不同的思考方式，來解決手邊的問題。簡言之，使用六頂思考帽其目的有二：⑴簡化思考：讓思考者一次只做一件事；六頂思考帽最大的價值就是它能提供一種正式而方便的形式，讓我們能要求自己或學生做某種方式的思考時，可以讓集中式的思考更具威力，而不必浪費時間在爭辯或散漫的討論上。⑵讓思考者可以自由變換思考型態（De Bono, 1990/1996）。

至於六頂思考帽的價值，則包含下列五項（De Bono, 1990/1996）：

1. 角色扮演（role-playing）：思考的最大限制就是自我防衛；

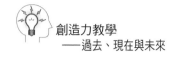

戴上思考帽可以降低或消除自我防衛的心態。

2. 引導注意力（attention directing）：它能引導我們從六個不同的層面來思考問題。

3. 方便（convenience）：可要求思考者隨時變換思考的向度。

4. 腦部化學的可能基礎（possible basis for brain chemistry）：不同的思考模式反應不同的頭腦化學成分狀況，所以使用不同的思考帽可以改變腦部的化學成分狀況，有助於達到化學成分平衡。

5. 遊戲規則（roles of the game）的建立：孩子們都很擅長學習遊戲的規則；六頂思考帽等於是為「思考遊戲」訂定一些規則。

(三)六頂思考帽應用於不同學科主題討論的例子

六頂思考帽的運用可以透過教師發問，也可以透過角色扮演，提昇學生的參與動機。它並不限於適用某一學科，而是可以視主題的本質而定，應用於不同學科。以下就針對性別教育、國文、數學、公民等學科，舉例說明教師如何運用六頂思考帽來進行討論與發問。

1. 性別教育：性別角色刻板印象

• 白帽：什麼是「性別角色刻板印象」？傳統觀念中對「男生」的刻板印象是什麼？對「女生」的刻板印象是什麼？

• 紅帽：如果妳是女生，當妳聽到有人說妳「勇敢、果斷」時，妳的感覺是什麼？如果你是男生，當你聽到有人說你「細心、體貼」時，你的感覺是什麼？

• 黑帽：像「男主外、女主內」這樣的性別角色刻板印象，對於兩性平等觀念有什麼不良的影響？

• 黃帽：了解「性別角色刻板印象」有什麼好處？

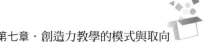

- 綠帽：如果你／妳的好朋友有強烈的性別角色刻板印象，你／妳有什麼好方法可以改變他／她的想法？
- 藍帽：對於「性別角色刻板印象」對我們的生活所造成的影響，你／妳有什麼看法？

2. 性別教育：愛情魔力

- 白帽：一般青少年對於「愛情」會有什麼看法和期待？
- 紅帽：你／妳對「愛情」的感覺是什麼？
- 黑帽：「在談戀愛時，只要對方快樂就好了，我自己的感覺無所謂」這樣的愛情觀正確嗎？
- 黃帽：如果談戀愛時能夠盡量為對方著想，同時也能夠兼顧自己的感覺。這樣有什麼好處？
- 綠帽：在談戀愛時如何做到「平等對待」？
- 藍帽：經過上面的討論，你／妳認為什麼的愛情才是真正快樂的愛情？

3. 國文：滿江紅

- 白色：請描述這首「滿江紅」的內容與時代背景。
- 紅色：你／妳認為「滿江紅」中情感強烈的是哪個句子？說說看，這首小令最令你感動的是哪一句？
- 黑色：請分析當時岳飛所面臨的困境。
- 黃色：忠勇愛國的人有哪些行為表現？
- 綠色：請發揮創意，想想岳飛可用哪些方法在不用兵的狀況下打敗敵人？
- 藍色：當你／妳心情鬱卒時，應該怎麼做才對？

4. 數學：函數的定義與特質

- 白色：生活上有哪些事物是函數？
- 紅色：對於函數在生活上的應用，你／妳有什麼特殊的感覺嗎？

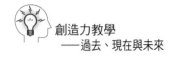
- 黑色：上述的函數真的合理嗎？
- 黃色：上述的函數在日常生活上的意義為何？
- 綠色：對這些函數有沒有新的解釋？
- 藍色：如何將以上的討論做一個總結報告？

5. 公民：課桌椅

- 白色：要設計二十一世紀的課桌椅，我們有哪些資料呢？我們如何得到所需的資訊？
- 紅色：你／妳對於這些課桌椅的整體設計或是顏色等有什麼感覺？
- 黑色：它適合我們使用嗎？功能夠嗎？
- 黃色：請說出它有什麼功能或好處？
- 綠色：你／妳有什麼新構想？你／妳有什麼替代方案？
- 藍色：我們的考慮，在整體上已經夠充分了嗎？

四、Parnes 創造性問題解決教學模式

「創造性問題解決」（creative problem solving, CPS）是由 Sidney J. Parnes 在 1967 年所發展出來的，之後由 Treffinger 和 Isaksen 等人予以發揚光大。Parnes 在 1967 年所提出之「創造性問題解決」，包含五個階段，其內涵為（引自湯偉君、邱美虹，1999）：

㈠發掘事實（fact finding）：包括蒐集一切和問題有關的資料；解題者可利用 5W1H（who、what、where、when、why、how）策略。

㈡發現問題（problem finding）：分析問題的每一成分，重新安排問題的陳述，並界定問題的目的。

㈢尋找構想（idea finding）：解題者要能找出可以解決前一階段所得到問題的各種構想或點子。

㈣發現解答（solution finding）：在找出問題解決可能方案時，

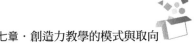

有時難免會有「批判思考」的產生；有時最好的解決方案的構想往往並非傳統的概念，而是巔覆傳統的構想。

㈤尋求接受（acceptance finding）：對前一階段的解決方案做出最後的考量，以便決定最好的且付諸實行；若無效便得回到前幾個步驟，以得到另一個可能的解決方法。

1991 年，Isaksen 和 Treffinger 為了讓 CPS 模式更容易學習與運用，在第一個階段新增「發現困惑」（mess-finding），並把第一階段的「發現事實」（fact-finding）修正為「發現資訊」（data-finding），因為他們認為有效的解題不僅要考量簡單的事實，更要想到在解題過程中相關的資訊，對於感覺、印象、觀察及問題相關資訊的蒐集也是同等重要。修正後的創造性問題解決模式包含三個主要成分（three main components）和六個特定的步驟（six specific stages）（見圖 7-1），而且每個步驟均包含了聚斂思考（convergent thinking）和擴散思考（divergent thinking），其主要的階段與思考特徵見表 7-5（Treffinger & Isaksen, 1991）。

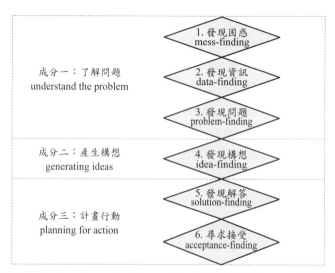

註：改自 Creative learning and problem solving, by D. J. Treffinger and S. C. Isaksen, 1991, pp.89-93. In A. L. Costa (Ed.), *Developing minds: Programs for teaching thinking* (2nd ed.). Alexandria, VA: Association for Supervision and Curriculum Development.

圖 7-1：Treffinger 和 Isaksen 的創造性問題解決模式

表 7-5：Treffinger 和 Isaksen 的創造性問題解決模式中之主要階段
　　　與思考特徵

成分與階段	思　考　特　徵
成分一：了解問題	
1. 發現困惑	● 擴散思考：尋找問題解決的機會。
	● 聚斂思考：建構一個廣泛的、一般的問題解決目標。
2. 發現資訊	● 擴散思考：檢驗各種細節、從不同觀點來看困惑所在。
	● 聚斂思考：決定最重要的訊息；引導問題解決的發展。

（續上表）

成分與階段	思　考　特　徵
3. 發現問題	● 擴散思考：考慮各種可能的問題陳述方式。 ● 聚斂思考：建構並選擇一個特別的問題陳述方式（要描述挑戰性所在）。
成分二：產生構想 　4. 發現構想	● 擴散思考：產生許多不同的和不尋常的觀點。 ● 聚斂思考：確認較有效的可能解決方案（promising possibilities）──有潛力的替代方案或選擇。
成分三：計畫行動 　5. 發現解答	● 擴散思考：發展出分析和修正可能解決方案的標準。 ● 聚斂思考：選擇所定標準，並將其運用到選擇、強化和支持可能的解決方案。
6. 尋求接受	● 擴散思考：考慮協助或反對的可能來源以及實際應用的可能行動。 ● 聚斂思考：形成一個行動的明確計畫。

註：改自 *Creative problem solving: An introduction,* by D. J. Treffinger and S. G. Isaksen, 1992, p.19. Sarasota, FL: Center for Creative Thinking.

五、Ruggiero 的統合思考教學取向

統合思考教學取向（holistic approach of teaching thinking）之主要特色在於兼顧觀點的產出量和評鑑，並給與學生一個有順序可遵循以及有一致結構的思考方法。此教學取向適用於創造性的問題解決，其教學過程包括下列五個步驟（Ruggiero, 1988）：

(一)探索（exploration）

探索意指透過問題解決進行探索、尋找未達到標準的需求，以及注意他人具有創見的觀點並思索其啟示為何。在列出有問題的產

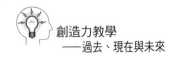
品、程序及過程後，教師可以提問下列問題以激發學生進一步的思考：

　　1. 此產品或物件是否可以有其他的用途？

　　2. 此產品或物件是否可以被修飾後而有額外的用途？

　　3. 此產品或物件可以如何被修飾？

　　4. 有其他東西可以取代此產品或物件嗎？

(二)表達（expression）

　　在問題解決時，最好的表達是能產生最有創意及建設性的點子；在解決爭議性問題時，最好的表達則是最能抓住爭議性問題之重點的陳述。

(三)調查（investigation）

　　決定什麼訊息是必要的、什麼訊息有助於解決問題、什麼訊息是相關的，然後設法取得這些訊息。

(四)產生點子（idea production）

　　產生點子意指產生可能的問題解決方案；此方案的產生有賴於願意暫緩評鑑和判斷以及想像力的發揮。可使用的方法包括：(1)注意不尋常的反應。(2)使用自由聯想。(3)使用類喻（analogy）。(4)尋找不尋常的組合。(5)將解決方法視覺化。(6)建構支持和反對的論證。(7)建構相關的方案（scenarios）。

(五)評鑑／精緻化（evaluation/refinement）

　　評鑑／精緻化意指檢驗哪一個解決方案是最佳的，並尋找不完美之處。可使用的方法與步驟包括：

　　1. 檢驗哪個（些）方法是最令人滿意的解決方法。

2. 尋找不完美和複雜之處。

3. 期待別人對我們解決方法的可能負面反應。

4. 從事改善措施以改善不完美之處。

Ruggiero（1988）建議在使用統合思考教學取向時，學生應該被教導或提示下列事項：

1. 有些問題或爭議性問題不需要五個步驟即可解決。

2. 有時候這五個步驟可能以不同的順序呈現。

3. 有時候我們會自然而然地或是不預期地產生一些想法，而不一定是當我們被要求解決問題時才會產生一些想法。

4. 解決問題所需的時間會因問題的不同而有很大的差異。

5. 有時候這些步驟會重疊。

6. 一旦人們能夠很有技巧地使用這些思考過程時，他們有時候會自然因應需求而做適當的調整。

貳 未來創造力教學的可能取向

本章除了針對過去創造力教學常用的模式做一簡介外，也介紹四種符合目前教育改革潮流並可運用於創造力教學，以促進學生創造力的教學取向；這些取向包括 STS 教學模式、主題統整教學、創作性戲劇教學，以及討論教學。其中，STS 教學模式為筆者與蔡擇文共同撰寫，主題統整教學為筆者與吳怡瑄共同撰寫，創作性戲劇教學為筆者與李梅齡共同撰寫。

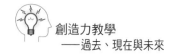
一、STS 教學模式

㈠ STS 的定義與重要性

STS 為 Science（科學）、Technology（科技）和 Society（社會）三個字的簡稱。Yager（1993）將 STS 定義為「將科技當作科學與社會間的橋樑，以社區、地方、全國性或全球性與科學有關的社會問題來設計科學課程，以使學生對這些與科學有關的社會問題產生興趣和好奇心，進而以科學態度、科學過程和科學概念尋求解決問題之道，並讓學生產生創造力，進而將創造力應用於社會上。」

蔡擇文（2003）指出，STS 教學具有以下的優點與教學特色：(1)強調科學、科技、社會間的交互作用。(2)能提昇學生對於相關社會議題的覺醒。(3)包括倫理及價值內涵的考量。(4)能培育學生做決策的能力與技巧。(5)能增強學生對於科技應用的了解。以及(6)能促使學生參與社區活動，與地方結合。

王澄霞（1995）也指出：在STS教學下，學生的主要學習特徵包括：(1)以學習者為中心的學習模式。(2)以問題為中心的知識探索。(3)新的學習是建立在學習者的既有知識之上。(4)重視學習情境與教室外世界的連結。(5)學習的議題是與社會、文化和環境相關的。(6)培養能做抉擇及解決問題的高層次思考。以及(7)鼓勵個別學習，同時也鼓勵合作學習，以提昇倫理及社會價值觀。

STS的教學理念已被許多國家所推廣與研究。在國內，1994 年 Robert E. Yager 曾被邀來台演講並主持「科學—科技—社會；STS 的科學教育研討會」，當時曾興起一股 STS 研究與實驗教學的熱潮。但是 STS 教學理念離真正落實教育現場尚有一段距離。

(二) STS 與創造力

Yager（1996）發現使用 STS 課程的學生在創造力的表現優於傳統課程的學生。近年來，國內也有一些學者（王貴春，2000；吳孟修，1998；徐慧萍，2000；蔡擇文；2003）將 STS 運用於創造力的研究，結果顯示 STS 有助於學生創造力的提昇（見表 7-6）。例如，蔡擇文（2003）的研究發現：STS 融入自然科教學對國小五年級學生科技創造力的表現有顯著效果。

表 7-6：STS 教學與創造力的相關研究

研究者	研究主題	研究對象	主要發現
王貴春（2000）	STS 教學與國小學生創造力及學習態度	台北市國小六年級學生二個班	• 實驗組在獨創力、精密力、開放性、標題與總分均顯著高於對照組，而在流暢力、變通力上則無顯著的差異存在。 • 接受 STS 教學的班級在好奇性、挑戰性及總分的得分均顯著高於一般教學的班級，而在冒險性、想像力上則無顯著的差異存在。
吳孟修（1998）	經由 STS 探究實驗設計開發學生之創造力之行動研究	北部高中一年級學生16人，國二學生36人及個案教師 1 人	• STS 實驗設計能開發學生的創造力，並能提昇學生對科學學習的興趣及主動探究的意願。
徐慧萍（2000）	國中 STS 模組開發與教學的行動研究	台北市國二女學生 28 人	• 利用 STS 教學理念及策略所設計的教學模組，國中學生能表現出創造力、探究能力、做抉擇、解決問題的能力，以及正確的價值觀、社會觀和世界觀。也肯定小組合作的成效。
蔡擇文（2003）	國小五年級自然科融入 STS 教學對學生學習態度、批判思考與科技創造力之影響	台南市國小五年級153位學生（實驗組兩班77人，控制組76人）	• STS 融入自然科教學對國小五年級學生自然科學習態度有顯著效果。 • STS 融入自然科教學對國小五年級學生科技創造力的表現有顯著效果。

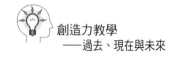

由以上STS教學的相關研究中可以發現，STS教學除了有助於提昇學生的創造力之外，對於學生的知識建構、開放思考、做決定和解決問題等能力，以及學習興趣、價值觀、社會觀等態度也都有提昇的效果。這些發現與Yager（1996）的看法「實施STS課程教學的學生在應用、創造力、態度、科學過程技能、科學概念及世界觀等六方面的表現優於傳統課程學習下的學生。」是一致的。

(三) STS 的課程與教學理念在創造力教學上的應用

美國國家科學教師協會訂定了STS教育方案十一項特徵；這些特徵不但將STS課程的主要內涵架構充分顯示出來，同時也指出了學生應有的學習方式。這十一項特徵為（引自蔡擇文，2003）：

1. 學生找出當地有趣及具有衝擊性的問題。
2. 運用當地的資源作為解決問題的資訊。
3. 學生積極尋找資訊的活動能夠用來解決真實生活中的問題。
4. 學習延伸至教室與學校之外。
5. 著眼科學與科技對個別學生的衝擊。
6. 科學的內涵不僅是那些學生要精熟以應付考試的概念。
7. 學生具有解決自身問題的過程技能。
8. 強調生涯規畫（特別是與科學和科技相關的職業）。
9. 當學生嘗試解決所發現問題時，提供他們體驗公民角色的機會。
10. 認識科學與科技對未來可能造成的衝擊。
11. 允許學習過程中的自主性。

由上述特徵可知，STS課程並非預設的特定教材內容；在其實施過程中，可能會因為學生對探討議題的選擇、學習資源的運用或解決問題策略等考量，而需要做適度的調整；因此，STS課程的設計非常重視教師專業自主。

就教學而言，Yager（1992）認為 STS 教學應採用建構主義的教學策略，他認為真正的學習是產生於個人開始建構所遭遇事物的意義，而這是無法經由外界傳授而得到的；STS 教學必須使用這種策略方式，才能達成其教學目標。因此，Yager 認為 STS 教學必須強調下列教學策略：

1. 呈現教師或課程想法之前，先引發學生的想法。
2. 鼓勵學生挑戰彼此的想法或概念。
3. 採取互助合作、尊重個人和分擔工作的合作學習。
4. 鼓勵反思與分析思考，並給與充分的時間。
5. 尊重與運用學生所產生的想法。
6. 鼓勵自我分析，以新經驗與證據來重組自己的想法。
7. 運用學生的思考、經驗及興趣來引導課程。
8. 運用不同的教學資訊來源。
9. 採取開放式的問題來引導學習。

此外，STS 教學策略也強調擴散性思考、小組討論、問題解決、角色扮演、個案分析、模擬、價值評判、做決定等教學策略（Ruba & Wiesenmyer, 1990; Solomon, 1993）。

綜合言之，STS 教學是以建構主義為理論基礎，其教學過程強調以學生為中心的自主學習、以教師為學生的引導者及諮詢者、以社會問題為題材。STS 所強調的課程設計以及教學理念與策略，符合創造力教學的原則，因此可作為創造力教學的取向。

二、主題統整教學取向

㈠主題統整教學的功能與定義

九年一貫課程的劃分以學習領域取代傳統的學科，其目的即在改進學科分立導致學習過於零碎而無法將知識連結與統整的缺失，

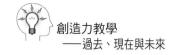
期能強化學生在面對生活情境時能以統整的知能解決問題的能力。
為因應此波統整的潮流，國內許多中、小學開始推行大單元或主題
教學。主題統整教學乃以適性教育為目的，讓學生能彈性調整其學
習步調；亦即，它強調建立以學生為中心的自我導向學習模式，並
藉由主題的探索學習，促進學生主動建構知識（Tucker, Hafenstein,
Jones, Bernick, & Haines, 1997；高翠霞，2001），而這樣的教學應
有助於創造力的提昇。誠如Tang（1986）所言：創造力需要具備連
結學科知識的統整能力。

(二)主題統整教學與創造力

主題統整教學強調概念連結的學習過程，此與創造力產生的過
程不謀而合。Ward、Smith 和 Finke（1999）認為能將分立的概念加
以統合（synthesis）與合併就是創造力產生的關鍵。許多研究（吳
怡瑄，2002；薛梨真，2000；Arnold & Schell, 1999; Hargreaves &
Moore, 2000）發現統整教學能促進學生創意思考和問題解決能力。
例如，吳怡瑄（2002）的研究發現：主題統整教學有助於國小中年
級學童科技創造力的發展。

教師在採用創造力的教學策略時，最重要的教學技巧之一就是
要呈現各種範例與情境，使學生能夠察覺到問題間的相似性，並將
所學技巧遷移到真實世界（Morgan & Forster, 1999）。傳統的分科
教學雖能使學生的學習得到較完整的概念系統，但因各學科間的壁
壘分明，也造成學生在知識的轉換、跨學科知識的連結，以及創意
發展上的限制。主題統整教學有助於打破學科間的藩籬，讓學生能
彈性應用知識與創意，故有利於其創造力的展現。

具體言之，主題統整教學與創造力的關聯可從下列三個面向來
分析：

1. 知識整合

主題統整的課程設計強調跨學科知識的整合，而廣泛與統整的知識為產生創造力的必要條件；因此，主題統整的課程設計應能有助於創造力的表現（吳怡瑄，2002）。

2. 知識連結與洞見

創造力洞見（insight）的產生常常是將兩個不相關的思考矩陣（matrices of thought）加以聯想後所產生的，而主題統整教學就是要打破學科本身擁有的思考矩陣，將原本獨立的思考距陣連結起來。因此，主題統整教學有助於創造力洞見的產生。創造力源自資訊的統整，學生唯有在統整思考的過程中，才能增進其創造力產生的機會（Still, 1996; Yoo, 1995）。

3. 自導學習與問題解決

主題統整教學強調學生中心的自導學習模式，其過程著重學生主動探索和生活問題解決的態度與能力（Fredericks, Blake-Kline, & Kristo, 1996; Pate, Homestead, & McGinnis, 1997），而這樣的態度與能力對於創造力的表現與發展是非常重要的。

㈢主題統整教學在創造力教學上的應用

Jacobs（1989）認為主題統整教學的程序和步驟有四：(1)選擇一個組織中心。(2)腦力激盪，從不同學科聯想主題。(3)建立引導性問題作為學習單元的架構。以及(4)撰寫實施活動，培養學生高層次思考的過程。

Fogarty 和 Stoehr（1995）則認為主題統整教學的程序和步驟有六：(1)腦力激盪思考主題。(2)將主題分類並挑選適當的三個主題。(3)推斷選擇主題的標準。(4)將主題巧妙地與提昇高層次思考的問題結合。(5)將主題擴展為可行的活動。以及(6)依據學習目標選擇評鑑策略。

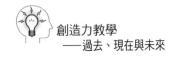

Fredricks 等（1996）也提出下列六個程序和步驟：(1)確認主題的標題。(2)確認主題單元的主要通則和原則。(3)確認符合通則和原則的關鍵概念。(4)蒐集主題相關的教材。(5)以腦力激盪產生與主題概念相關的幾個活動。(6)安排主題教學活動。

此外，Tucker 等人（1997）認為主題統整教學的程序和步驟有七：(1)選擇一個大概念。(2)仔細思考概念要達成的目標。(3)選擇三到四個符合概念的單元。(4)蒐集師生所需的資源並閱讀與單元相關的資料。(5)依據目標寫出焦點問題以引導學生探索。(6)腦力激盪相關的活動、課程與經驗。(7)將大概念融入次單元內，並排出每週的概念圖。

雖然上述各學者所強調之主題統整的教學程序與步驟不盡然相同，但大致都以發展教學主題及安排教學活動為主要的內涵。在訂定主題時，除了要依據課程目標之外，主題的取材必須要更為開放、有彈性和真實，而主題的選取必須考量教科書的單元、師生的興趣、關切的社會議題等（Martinello & Cook, 1994）。此外，在主題發展的過程中，必須考量學生的心智發展、學習狀況、需求和興趣，設計多元的主題。配合主題活動的多樣性，教師必須採取多元的教學策略來因應；最常運用的方法包括協同教學、合作學習、獨立學習等方法，以增加學習經驗的廣度與深度。

就教學活動的安排而言，主題統整的教學活動非常重視學生研究、組織、綜合等高層次思考的發展，並鼓勵學生主動探究各類問題，其目的乃是為了提供實際操弄的機會，以協助學生主動建立行動方案，將概念、技能和重要資訊等關鍵能力統整起來並加以應用（游家政，2000；Tucker et al., 1997）。

總之，主題統整教學強調學生在學習歷程中發揮創造力、領會各學科內容及技巧的連結，以及活用知識與技能來解決問題與做決定。其教學規畫不僅允許師生共同建構課程與學生自評的評量方

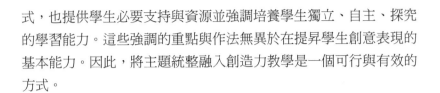

式，也提供學生必要支持與資源並強調培養學生獨立、自主、探究的學習能力。這些強調的重點與作法無異於在提昇學生創意表現的基本能力。因此，將主題統整融入創造力教學是一個可行與有效的方式。

三、創作性戲劇教學取向

(一)創作性戲劇的功能與定義

在歐美地區，創作性戲劇應用於各科教學已有近百年的歷史。1917 年，英國教育家 Cadwell Cook 在《遊戲方法》一書中提及，兒童最自然的學習方式就是戲劇，經由老師的指導讓兒童粉墨登場進行角色扮演，發揮自己的想像力，利用自己的肢體語言進行表達，從中獲得各式各樣的學習經驗。1930 年，美國戲劇教育的先鋒 Winiferd Ward 所出版的《創作性戲劇術》一書中，首見「創作性戲劇」一詞（引自張曉華，1999）。

近年來，創作性戲劇逐漸受到重視主要在於它具有下列教育價值：(1)強調自動參與歷程，促進學習動機（Waldschmidt, 1996）。(2)使思考與語言並行，增進語言表達能力（Cottrell, 1987）。(3)以想像力為基石，啟發創造思考能力（李梅齡，2004）。(4)在與同儕互動過程中，增進社會技巧，以利社會化的發展（Chambers, 1993; Sternberg, 1988）。(5)促進認知、創造力、語言、社會及情緒等多元的發展（張曉華，1999；Saldana, 1985）。

Davies（1983）指出創造性戲劇是「引導者」透過戲劇互動的方式，引導著「參與者」運用假裝的遊戲本能，去探索、發展、表達、溝通彼此的想法、概念及感覺共同去想像和體驗人類的生活經驗。在戲劇活動中，參與者即席地發展出符合當下探索之議題的行動與對話，而透過這些戲劇的元素，參與者的經驗被賦予了表達的

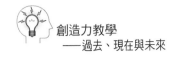

意義與形式。美國戲劇與教育協會（American Alliance of Theatre and Education, AATE）定義「創作性戲劇」是一群人在一個領導者的引導下，使用默劇的戲劇技巧和即席演出的聲音，共同創造出來的戲劇；它是即興的、非表演性的、反省的，以及過程導向（process-oriented）的表演形式（AATE, 2005）。李梅齡（2004）也指出：創作性戲劇是一動態的過程，參與者在經由引導者的導引下探索、發展、表達和溝通想法、觀念及感覺，而其最主要的目的即是在培育參與者健全的人格發展，並使參與者經由這種教學方式達到學習的效果。此外，張曉華（1999）認為創作性戲劇是重視過程的教學方式，它主要的目的並不是使兒童成為表演者，而是透過戲劇的教學，讓兒童學會分享、表達與欣賞自我，並統合自己的經驗達成人格的成長。

綜合以上說法，創作性戲劇教學是透過戲劇來進行的教學活動及方法，其教學過程強調以參與者為中心，使其在自由、開放的時間和空間下學習與領悟，並透過引導讓參與者身歷其境、發揮想像力與模仿力、利用肢體及語言充分表達情緒與感受、在團體互動過程中增進人際溝通的技巧，進而達到身心統合的人格培育。

(二)創作性戲劇的內涵

美國戲劇教育的先鋒 Winiferd Ward 認為創作性戲劇內容包括四大主要項目：(1)戲劇性的扮演（dramatic play）。(2)故事戲劇化（story dramatization）。(3)以創作性之扮演推展到正式的戲劇。(4)運用創作戲劇術於正式的演出，此教學方法重視情意的教學，強調教育應以（全兒童）為目標，而不只偏重智育（引自張曉華，1999）。

張曉華（1999）認為創作性戲劇活動主要包含下列十個項目：
1. 想像（imagination）：思考與肢體並用，激發參與者的經驗

與學習動機，讓想法任意馳騁。

2. 肢體動作（movement）：包含韻律動作（rhythmic movement）及模仿動作（imitative），即配合特定的節奏表現出適當的律動及了解具體物的形象或聲音後做出模擬。

3. 身心放鬆（relaxation）：以深呼服等暖身動作，來消弭焦慮及緊張的情緒，維持情緒的穩定性，並加強感官運用。

4. 戲劇性遊戲（game）：以遊戲的形式，在引導者引導下，使參與者採用角色互換的方式進行探索，並依情境與目的共同完成遊戲項目。

5. 默劇（pantomime）：不以口語，而以肢體表情傳達出思想、情緒與故事的表演方式。

6. 即興表演（improvisation）：由團體依現有的條件（例如資源的取得、人物等）以及狀況、目標、主旨、人物、線索等，共同創造故事的情節、對話、動作，而不依現有腳本演出的方式，以培養參與者的觀察力、機智反應與互助合作的能力。

7. 角色扮演（role playing）：依照腳本，由領導者依角色的特性選派參與者扮演，體驗故事角色的內心歷程並予以表達。

8. 說故事（storytelling）：教師由日常生活經驗中擷取新點子，建構新的故事情節，也可以故事接龍的方式進行教學，激發兒童的想像力及組織能力。

9. 偶劇與面具（puppetry and masks）：透過實作製作道具及面具，並使用自己所製作的道具進行表演。

10. 戲劇扮演（playmaking）：將理念置於程序與戲劇扮演的架構內，採即興創作進行戲劇性的扮演，以培養互助互動、組織事件與自發性表現之能力。

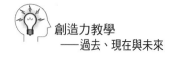

(三)創作性戲劇教學與創造力

由創作性戲劇的定義與內涵可得知「創作性戲劇教學」是由教師靈活運用各種的戲劇方法，以引導自發性的學習意願，並鼓勵運用想像力及創造力，將內心的感受與想法表現出來。因此，其學習結果就正如美國兒童戲劇協會（The Children's Theatre Association of America, CTAA）所言：參與創作性戲劇能促進語言與交流的能力、解決問題的技巧與開展創作性之潛能；它能提昇明確的概念、社會的認知、情感融入的能力、價值與態度的判斷與劇場藝術了解之潛能（引自林基在，2001）。

過去研究創作性戲劇與創造力關係的研究非常少，但近幾年來，已有一些學者開始從事相關研究，而這些少數的研究大多支持創作性戲劇能有效促進創造力。例如：Saldana（1996）發現創作性戲劇活動對幼兒認知、創造力、語言、社會、情緒等各方面的發展有重要的貢獻。Singer 和 Singer 以及 Pulaski 的研究結果發現，能自由參與有品質的幻想和扮演遊戲並花很多時間在「高度幻想」（high fantasize）的幼兒，面對不同的題材及情境都有高度的創意表現（引自李梅齡，2004）。Annarella（1999, 2000）的研究也發現，實施創作性戲劇有助於促進學生創意想法的產量和溝通技巧。此外，Bennet（1982）、Saxton 和 Miller（引自 Roper & Davis, 2000）以及國內有幾位學者（王有福，2002；李梅齡，2004；葉玉珠，2004；廖素珍，1992）的研究發現也都支持與肯定創作性戲劇對創造力的正面效果（見表 7-7）。可見，創作性戲劇是一種發展創造潛能和人格特質的有效方法。

創作性戲劇之所以能促進創造力，可能是透過下列一種或數種的活動與機制：

1. 想像：透過想像，參與者能夠擁有更多有組織的想法，使得

他們能夠有效參與創造性活動和經驗（Lightfoot, 1988）。

2. 幻想：根據情緒共鳴模式（emotional resonance model）
（Getz & Lubart, 1999），幻想和情緒狀態中的情意主題可以
促發廣大的連結網路，而此連結網路會促進擴散思考和問題
解決的變通力。

表 7-7：創作性戲劇與創造力之相關研究

研究者	教學介入	對象	結果
Bennet（1982）	實施創作性戲劇	五、六年級	增進學生閱讀與數學技能以及創造思考能力。
Saxton & Miller（引自 Roper & Davis, 2000）	將角色扮演的戲劇融入自然科課程中	六至八歲	兒童在兩難情境的角色扮演過程中，習得如何將學科知識與現實生活結合，並在眾多可行方案中擇一損害最小者執行，藉此提昇其問題解決能力及創造力。
王有福（2002）	實施創作性戲劇	四年級	變通性有顯著地提昇，並富有好奇心及挑戰心。
李梅齡（2004）	實施創作性戲劇	116 位幼稚園中、大班幼兒	幼兒的整體創造力表現以及「新奇性」與「有用性」二項指標的表現均有顯著的進步。
葉玉珠（2004）	實施創作性戲劇融入主題統整課程	19 位幼稚園中大班幼兒	有助於幼兒學習動機的提昇以及創造力的啟發，尤其是在「新奇性」的表現上。
廖素珍（1992）	實施音樂、創作性戲劇遊戲	幼稚園大班	在圖形創造思考、活動、律動的表現上，實驗組的變通力、獨創力與精進力均高於控制組。

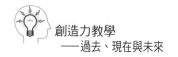

3. 角色扮演：創作性戲劇通常是透過角色扮演來體驗。當參與者把自己投射到戲劇中的角色時，他們必須學習控制情緒、解決衝突和問題，因而深化了他們的體驗並提昇了創造力（Freeman, Sullivan, & Fulton, 2003）。

4. 裝扮遊戲：裝扮遊戲強調想像和幻想（Russ & Kaugars, 2000-2001），而想像和和幻想均有助於創造力的發揮。

5. 動作模仿：創作性戲劇通常涉及在了解一些聲音、節奏、旋律或意象之後，嘗試以身體動作模仿出來（李梅齡，2004）；而創造性模仿往往也是創造力表現的開始。

6. 說故事：創作性戲劇常常涉及以戲劇化的方式說故事，而這樣的方式鼓勵創造力的運用（Baker, 1996）。

㈣創作性戲劇教學的指導原則

在進行創作性戲劇教學的過程中，教師應該扮演引導者的角色，以學生為中心並考慮其經驗及興趣，來安排與規畫教學活動。Siks 提出引導四至六歲幼兒進行創作性戲劇教學的原則，有如下五點（引自李梅齡，2004）：

1. 分析教材：教師必須具備專業知識、對教材具有敏銳性、能善用發問技巧以使問題單純化，並能加入生動及活潑的對話，以引起幼兒的興趣。

2. 集中注意力：幼兒的注意力非常的短暫，因此在教案設計上要能生動活潑，吸引他們的目光，才能使幼兒集中思考與注意力。

3. 快速建立氣氛：幼兒不習慣等待，也厭倦相同的內容；因此，如果教師在引起動機上無法讓他們感到興趣，則無法順利進行發展活動。

4. 清楚的行動計畫：在課程的安排上，教師要讓每一個幼兒都

能參與其中，和大家共同體驗，才不至於產生有人在狀況外或無所事事的行為。

5. 引導者的參與：在教學過程中，如果教師也是其中的一分子，往往能帶動整個教學的氣氛，而孩子在知覺老師的參與下，也會更認真地參與以得到老師的認可。

林玫君（1999）則認為在進行戲劇教學時，應先做暖身活動。此外，應注意題材的選擇、開放空間及支持氣氛的營造、善用道具進行教室的控制、重視提問技巧的重要性、進行分組討論與分享。吳昭宜（2000）也指出戲劇教學時的指導原則包括下列六項：(1)輕鬆愉快、自由安全的教育情境。(2)學習主導權的轉移。(3)由兒童自動自發去發表創意。(4)是即興且經濟的。(5)注重過程而不是表演的好壞。(6)策略與技巧的多樣化運用。

綜合言之，創作性戲劇教學不僅是表演技巧的學習，而是從整個過程中的體驗、探索與討論，獲得各種經驗與教育價值。因此，在創作性戲劇教學的過程中，教師的角色應該是為引導者、課程安排必須考量學生的認知發展與興趣、教學活動必須多元化、教室氣氛必須是開放與支持的，才能使學生自發性地發展其創造力。在創作性戲劇的活動過程中，讓學生嘗試扮演不一樣的角色，揣摩別人所經歷過的事，使其從個別的生活經驗中，去模仿與學習，漸漸認識自己、肯定自我，進而超越現實去詮釋他們所處情境中的事物，就是一個非常讓人驚喜的創造性過程，在這一切的創造過程，最能培養他們的創造思考能力，進而發展創造性的人格特質。

四、討論教學法

許多研究發現使用小組討論及合作學習有助於改善學生的批判思考、創造思考及問題解決能力（Ediger, 1998; Punch & Moriarty, 1997）。課堂討論不僅有助於建設性環境的營造、思考精神的提

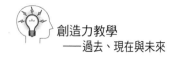
昇、知識的獲取，更有助於思考能力的增進（Kelly & Farnan, 1991）。

㈠思考問答取向／對話取向與課堂討論

Sternberg 和 Spear-Swerling（1996/2000）認為教學策略可以分為三種：照本宣科取向（didactic approach）、事實問答取向（fact-based questioning approach），和思考問答取向／對話取向（thinking-based questioning approach／dialogical approach）（詳見表7-8）。從其特徵來看，思考問答取向／對話取向強調思考和討論、師生互動，因此應該是比較有利於創造思考的啟發。然而，另外兩種教學策略取向也有其搭配使用的適用時機；例如：當學生的先備知識不足時，可以先使用照本宣科取向，再使用思考問答取向／對話取向。創造力的展現需要以知識為基礎，若學生的背景或領域知識太薄弱，也無法進行有效的討論，更遑論發揮其創造力。因此，教師可視教學內容與學生的狀況，混和使用或階段性地使用這三種教學取向。

上述的思考問答取向／對話取向顯然是以「討論」為核心的教學活動。而在進行課堂討論時，往往涉及師生的互動，即學生提問、教師回應。教師處理或回應學生問題時，可能會有下列七個不同的層次（Sternberg & Spear-Swerling, 1996/2000）：

1. 回絕問題：這樣的反應如「小孩有耳無嘴」；這可能會導致學生不敢發問或排斥學習。
2. 重複問題：教師是回答了，但是其答案毫無啟發性；如「住在荷蘭的人很高，因為他們是荷蘭人」。
3. 承認無知或提出意見：此一層次又可分為兩種，即非強化型（unreinforced）和強化型（reinforced）。非強化型的回應會承認自己不懂或直接根據經驗回答，讓學生知道「老師不是

萬能的」；強化型的回應則加上鼓勵，如「問得真好」，這樣的回應可能強化學生的發問動機並增加學習的機會。

4. 鼓勵發問者尋找資料：此一層次可能有兩種狀況：一種是教師代替尋找解答，這可能會造成學生成為被動的學習者；另一種是讓學生自己動手找資料，這可能會培育出主動的學習者。

5. 提供可能的答案：教師不直接提供答案，但是會提供不同的解答讓學生自己決定；如「荷蘭人高大的原因是因為飲食、氣候、基因……」。

6. 鼓勵學生評估答案：鼓勵學生主動想出解答，並針對解答進行分析比較；如「若荷蘭人高大的原因是基因特質的關係，要如何驗證？」

表 7-8：三種教學取向的特色與適用時機

策略名稱	特　色	適用時機
照本宣科取向	• 老師以講授方式呈現教材 • 師生互動和學生交流最少	• 呈現新的訊息
事實問答取向	• 老師提出問題，學生針對問題反應 • 老師的回饋只有「對」和「不對」 • 師生間互動頻繁，但無法兼顧個別疑問 • 學生間的交流很少	• 複習剛教的內容 • 評估學生的知識 • 作為教誨式和對話式策略的橋樑
思考問答取向／對話取向	• 老師提問題，學生針對問題進行思考和討論 • 老師評論學生的反應 • 師生互動和學生交流很多	• 鼓勵班級討論 • 激發思考

註：採自思考教學（李弘善譯），R. J. Sternberg 和 L. Spear-Swerling 著，1996/2000，頁 42。台北：遠流。

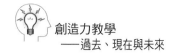
7. 鼓勵學生評估答案並一一驗證：鼓勵學生設計實驗，驗證所
　有可能答案。

由上述的說明可知，第七層級的回應方式對於學生創造潛能的
發展是最有助益的，教師在課堂討論應謹慎回應與鼓勵學生的提
問，以促進課堂討論的教學效果。

(二)如何進行課堂討論

Durkin（1993）認為成功的課堂討論有以下重要策略：

1. 使用歸納的提問順序（inductive questioning sequence）以提
　供學生在做判斷前，有機會從不同的觀點檢驗所採取的行
　動。
2. 使用有效的策略以激勵學生對重要主題或議題的思考動機。
3. 教師應鼓勵學生去探索自己和他人的情感、去回憶和評估人
　際關係問題，並且幫助他們分析自己的價值觀和行為。
4. 營造一個支持的教室氣氛以提昇多產的思考：教師應該尊重
　學生的意見並接受知識本質的機率性（the probabilistic nature
　of knowledge）以強化學生的思考動機。
5. 使用發展概念的教學策略以幫助學生建構其思考：三種有效
　的策略為列舉（listing）、分組（grouping）和標示（label-
　ing）。
6. 使用有效的發問策略：如當學生嘗試釐清他們的思考時，先
　等待五秒，以促進高層次思考。透過發問的程序，學生應該
　能學會理性思考的架構；太倉促的討論很少是經過仔細思考
　的。
7. 教導自我評鑑並鼓勵學生成為自動自發的思考者。
8. 幫助學生獲取足夠的知識以提昇其思考層級。
9. 小心給與回饋並提供支持架構以協助學生成為良好的思考

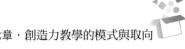

者；三種角色對於達致此目標是非常重要的：

(1)澄清者（clarifier）：它有助於引發重要的觀點；例如發問「你的意思為何？」、「你可以再說清楚一點嗎？」

(2)綜合者（synthesizer）：它有助於學生重組觀點和頓悟；教師可發問「你可以用較簡潔的方式表達嗎？」

(3)支持者（supporter）：它有助於學生修正其錯誤並重新進入討論；多產的討論之主要目標之一即在使學生逐漸提昇其對別人發言的知覺，並能藉由他人的發言，激發更多的想法。

McCown 等（1996）也提出一些進行小組討論的建議：

1. 若有好幾個小組同時在討論一個主題時，應輪流監控每一小組的討論狀況。

2. 若討論停頓下來了，應發問一個具有引導性的問題（leading question）。

3. 若討論離題時，應提醒該完成的工作事項或提問，以使小組成員能重新聚焦。

4. 若有一學生操控整個討論，應要求其他小組成員對其小組進度做一些評論。

5. 若討論的言論之間出現很長的停頓時間，應該要介入；長時間的停頓可能表示學生開始感到困惑，或是已經忘了該完成的工作。

6. 若學生對於區辨事實與價值觀或觀點之間的差異產生困難，應該要介入；若對於學生這樣的區辨能力有所懷疑時，可提問「某人的陳述是事實還是個人觀點？」

7. 若小組成員有人產生邏輯上的謬誤，表示討論的效度已經出現問題；邏輯上的謬誤可能包括過度推論或不合理的推論。此時可提問「這是真的嗎？」、「這合理嗎？」

8. 藉由要求每一組報告其討論結果或做簡報來結束討論。

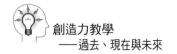

創造力教學
——過去、現在與未來

(三)討論技巧的評鑑

表 7-9 有助於評估學生的討論技巧（Schiever, 1991），以使教師進行更有效的討論。

表 7-9：討論技巧檢核表

姓名：＿＿＿＿＿＿＿＿＿＿＿＿ 日期：＿＿＿＿＿＿＿＿＿＿
討論主題：＿＿＿＿＿＿＿＿＿＿＿＿＿＿＿＿＿＿＿＿

標準評論	評分
1. 給與訊息性的相關回應並且能聚焦於討論的主題…	1 2 3 4 5
2. 提供論述足夠的支持證據 ⋯⋯⋯⋯⋯⋯⋯⋯⋯⋯⋯	1 2 3 4 5
3. 提供明確的澄清或衍生觀點 ⋯⋯⋯⋯⋯⋯⋯⋯⋯	1 2 3 4 5
4. 展現從不同觀點看一情境的能力 ⋯⋯⋯⋯⋯⋯⋯	1 2 3 4 5
5. 願意聆聽別人的觀點，並能在證據充分時修正自己的 觀點 ⋯⋯⋯⋯⋯⋯⋯⋯⋯⋯⋯⋯⋯⋯⋯⋯⋯⋯⋯⋯	1 2 3 4 5
6. 聆聽並搭別人觀點的便車 ⋯⋯⋯⋯⋯⋯⋯⋯⋯⋯	1 2 3 4 5
7. 提議論述的可能限制並避免過度推論 ⋯⋯⋯⋯⋯	1 2 3 4 5
8. 質疑他人的觀點、要求他們支持、解釋或延伸其思考	1 2 3 4 5
9. 避免打斷他人的談話 ⋯⋯⋯⋯⋯⋯⋯⋯⋯⋯⋯⋯	1 2 3 4 5
10. 尊重他人的觀點、意見和價值觀 ⋯⋯⋯⋯⋯⋯⋯	1 2 3 4 5
11. 進行精確的自我評鑑 ⋯⋯⋯⋯⋯⋯⋯⋯⋯⋯⋯⋯	1 2 3 4 5

綜合評論

註：採自 *A comprehensive approach to teaching thinking,* by S. W. Schiever, 1991, p.107. Boston, MA: Allyn and Bacon.

結語

　　隨著創造力定義與模式的演變，創造力教學的模式與取向也漸趨多元與複雜。近年來教育改革強調建構主義觀點、學生學習中心、學習與生活的連結、知識統整、合作學習等概念，因而有STS、主題統整、創作性戲劇、討論式教學等模式或取向的提出；這些模式或取向已廣泛地被運用於不同的學科領域，而且有不錯的成效。最近也有少數學者將之運用於創造力教學；實施的成效顯示這些教學取向或模式對於創造力的知識、意向及技巧等個人特質的改善，也有顯著的效果。

　　目前，世界各先進國家的創造力教學目標往往也是其主要的教育目標之一，而且有效的創造力教學行為常常也與一般課程教學的有效教學行為是一致的；因此，只要是有利於提昇學生知識、意向及技巧等個人特質的教學取向或模式，都有可能可以將之加以修正而運用到創造力教學當中。創意教師是創造力教學的領航員；教師除了必須根據課程與教學的需求以及學生的特質與興趣，慎選創造力教學模式或取向之外，更應該要有勇於探索並開發創新教學方法和課程的勇氣與智慧。對於創新與未來，許多教師常常抱持質疑與卻步的態度；然而，態度常常是許多事情成功的關鍵。誠如雨果所言：「未來有很多名字。軟弱的人說，未來叫作不可能；信心不堅的人說，那是未知。思慮周到和英勇的人說，未來叫作希望。」人生因為有夢而美、因為有意外而精彩。同樣地，創造力教學因為有希望而值得、因為有挑戰而充滿驚奇。

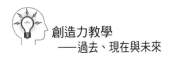
創造力教學
——過去、現在與未來

第八章

創造力教學的策略

有人在雨中仍能行走，
有些人只是白白淋溼。
有人夢想光榮的成就，
有人清醒地去實現這些成就。
接受挑戰，才有機會享受成功的喜悅。
沒有人能預測你能飛多高；
即使是你自己，也要在展開雙翼之後才知道。

— O'Keeffe —

　　創造力乃個體在特定領域中，產生一個在所處的社會文化脈絡中具有「原創性」與「價值性」的產品之歷程；此創造性歷程涉及個體的專業知識、技巧、意向（尤其是心態）。本章即針對如何增進個體的專業知識、技巧、意向，提出一些參考的教學策略。

壹 增進專業知識的策略

　　專業知識是創造力的基礎，然而並非專業知識愈豐富，就愈有創造力，「有用的專業知識」才是成敗的關鍵。

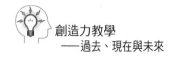

一、專業知識的種類

心理學上有關知識的研究，主要從人類認知系統的運作（尤其是記憶系統）來探討。例如，Lefrancois（1997/1998）將長期記憶分為非陳述性記憶（nondeclarative memory）與陳述性記憶（declarative memory）；其中，非陳述性記憶又稱為內隱記憶（implicit memory），因為它很難用言語具體表達出來，陳述性記憶又稱為外顯記憶，因為它可以用言語清楚描述出來。Andre 和 Phye（1986）則將長期記憶分為插曲性（episodic）記憶和語義性（semantic）記憶；前者與個人的生活經驗有關，後者則包括了各種概念、法則與技巧等一般性知識。

Squire、Zola-Morgan、Cave、Haist、Musen、Suzuki 從人類記憶與認知系統的研究中，整理出與人類知識儲存運用有關的認知記憶系統如表 8-1（引自邱皓正、葉玉珠，1998）。

因此，專業知識大致可以分為外顯知識與內隱知識，雖然不同的學者對其內涵與意義有些許不同的見解。例如：Zander 和 Koughi（1995）將外顯知識分成可文件化程度（codifiabity）與可教授程度（teachability）兩個構面，以探討其對移轉的可能性與歷程。Nona-

表 8-1：知識的類型與內容

知識類型	內　　　容	例　　　子
外顯知識	• 插曲性知識（episodic knowledge） • 語義性知識（semantic knowledge）	• 個人化的事件與記憶；如我的朋友姓名 • 非個人化的一般性知識；如美國有幾個州
內隱知識	• 技巧（skill） • 醞釀（priming） • 條件化歷程（conditioning） • 非連結性（nonassociative）	• 騎車、彈琴等自動化歷程 • 先前經驗的促發效果 • 條件化刺激學習反應 • 重複刺激的習慣性反應

ka 與 Takeuchi（1995）指出內隱與外顯知識必須互相轉化，才能創造組織的知識，進而促成組織知識創造 （organizational knowledge creation）的發生。O'Keeffe（1998/1999）也認為專業知識可分為內隱知識與外顯知識。內隱知識乃是來自於個人經驗的累積，包含洞識與理解。外顯知識則包含知識公開的表達，以正式有條理的系統解釋事情的原理，可見諸於公式、演講或說明會等。

內隱與外顯知識的交叉配對，可產生四種狀況，而這四種專業知識的建立可透過下列教學活動來進行：

㈠內隱—內隱：教師可以讓對某一主題或領域有所了解的學生，彼此分享經驗與智慧。

㈡內隱—外顯：教師可以將內在經驗轉換為外顯知識，讓學生應用；如詳細說明解決問題的過程。

㈢外顯—內隱：教師可以鼓勵學生歸納外顯知識的組型並將知識內化；如鼓勵學生從網路上找到如何繪製心智圖的資料，並進行模仿繪製。

㈣外顯—外顯：教師可以鼓勵學生結合幾個不同領域的外顯知識，以創造出新知識。

另外，鼓勵學生與同儕互動，不要各自為政；面對矛盾時，逆向操作；擴大諮詢對象；承認不足，虛心求教；向有內隱知識的人深入請益；積極搜尋所有的知識來源；隨時把目標放在心上等，均有助於提昇學生的專業知識。

貳 改善創造力技巧的策略

以下介紹九種有助於改善創造力技巧的策略，這些策略包括：巴黎司機訓練法、全腦思考法、心智圖法、水平思考法、認知改變

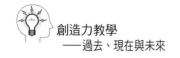

訓練法、反分析訓練法、科幻小說訓練法、杜拉克式問句、後設轉換法。

一、巴黎司機訓練法

此法即為觀察力的訓練。有一次法國年輕小說家莫泊桑（Guy de Mauqassant, 1850-1893）向前輩作家請教寫作的方法，老作家對莫泊桑說：到巴黎街頭去，隨便找個計程車司機，仔細觀察，直到你能描述出他與其他司機不同的地方。這個例子告訴了我們觀察力對創作的重要性。

同樣地，觀察力的培養對其他領域的創造也是很重要的。例如，佛萊明（Alexander Fleming）之所以能在 1945 年以發明盤尼西林獲得諾貝爾生物醫學獎，即在於他的敏銳觀察力。當他看到培養皿被污染，正要把培養皿的東西倒掉時，他突然觀察到原來生長茂密的細菌範圍縮小了。於是，他把這個培養皿的液體滴了幾滴到另一個長滿細菌的培養皿中。過了三個小時後再去觀察，他發現原來茂密的細菌範圍又縮小了。於是，他推論這個綠色的細菌是可以殺死葡萄球菌和鏈球菌的。

知識與經驗是創造力表現的基礎，而觀察力是獲取知識與經驗的重要關鍵。在創造力的測驗中，觀察力是很少被測量的，但是它卻是很重要，而且是可以用很經濟、簡單的方法，在日常生活當中培養的。例如：教師可以鼓勵學生在坐公車或捷運時，仔細觀察身邊的人、事、物，看看是否可以發現一些讓他們覺得很特別的人或事物；或是當坐在星巴克（Starbucks）咖啡店時，嘗試盯著一件物品或一個人，看看是否可以找出其與眾不同之處。

二、全腦思考法

(一)何謂全腦思考

在幼兒階段，連結左右半腦的胼胝體（corpus callosum）逐漸發展成熟，隨著此結構的成長，會伴隨著左右半腦在功能上的特殊化，此過程即稱為側化（lateralization）。大約95%的人為左腦強勢（left-brain dominance），僅5%的人為右腦強勢（right-brain dominance）（Bee & Boyd, 2005）。就腦部的結構與功能而言，左腦掌管的主要活動為演說、語言、邏輯、寫作、科學、數學；右腦掌管的主要活動則為空間建構、創造思考、想像、音樂鑑賞、藝術鑑賞等（Graig, 1999）。可見，右腦思考對創造力的重要性。然而，近年來有一些研究（Bekhtereva, Dan'ko, Starchenko, Pakhomov, & Medvedev, 2001; Carlsson, Wendt, Risberg, 2000; Chavez, Graff-Guerrero, Garcia-Reyna, Vaugier, & Cruz-Fuentes, 2004）發現證實，雖然創造力活動與右腦有密切相關，但也涉及左腦的運用；因此，創造力活動涉及全腦的運用。

實徵研究也發現，我們腦部的訊息處理有一個現象，稱為雙重處理（dual processing），所謂雙重指的是「語文」（verbal）和「視覺」（visual）；亦即我們對於訊息的處理與記憶不單靠「語文」或「視覺」，而是二者並行，而且「視覺」的記憶往往更為持久。

從創造力的表現涉及全腦運用，大多數人為左腦強勢，以及屬於右腦思考的視覺記憶保留較為持久等事實來看，我們似乎應多加強右腦思考的訓練，以強化學生全腦的運用與創造力表現。但左腦思考與全腦思考有何不同呢？舉例來說，左腦思考的問題為「注音符號的第五個是什麼？」或「六月有幾天？」而全腦思考的問題則

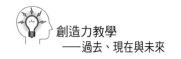

為「請寫下如何由你家走路到學校，並依序列出該在哪裡左轉和右轉」或「請描述你如何綁鞋帶」。

(二)有助於右腦思考的技巧

下列方法有助於右腦思考的激發，教師可視情況應用於教學活動當中：

1. 運用色彩：善用色彩有助於正向情緒的激發，會給人一種愉悅、深刻的感覺，也有助於跳脫思考的框框。

2. 運用圖像：如前所述，右腦掌管的主要活動為空間建構、創造思考、想像等，而圖像的運用顯然涉及這些活動；因此，運用圖像有助於右腦的開發。下面要介紹的心智圖就是運用圖像的方法。

3. 運用比喻：比喻（尤其是隱喻）常被用來促進創造思考，因為比喻的產生往往需要一些想像與創意，例如：「老師就像一個推手」、「生命如花籃」。

4. 訴諸感性與內心感受：感性是右腦的重要功能，而且感性與理性的結合往往會產生更令人驚奇的創意。例如，一個產品的廣告若能將事實與感性或是自己內心的直覺感受結合，可能更能打動消費者的心。

三、心智圖法

(一)心智圖的發展與功能

心智圖（mind maps）為 Tony Buzan 於 1970 年所開發出來的「心法（教育）、技巧（訓練）」課程，他並於 1974 年出版《使用你的頭腦》（*Use Your Head*），介紹此一腦力潛能開發的技巧（引自孫易新，2002）。心智圖法已為全球眾多的專家學者以及企

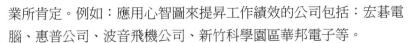

業所肯定。例如：應用心智圖來提昇工作績效的公司包括：宏碁電腦、惠普公司、波音飛機公司、新竹科學園區華邦電子等。

為何要使用心智圖，其功能或理由如下（孫易新，2002；O'Keeffe, 1998/1999）：

1. 心智圖運用左右腦的全部功能，包括右腦的韻律（rhythm）、顏色（color）、空間（space）、想像（imagination）、白日夢（daydream）、整體思考（global），以及左腦的列舉（list）、字句（word）、數字（number）、線（line）、順序（order）、邏輯（logic）。

2. 它就像是頭腦裡的一幅地圖，繪製詳細的道路；它能夠：

(1)在一個大區域或主題，提供你一個概觀。

(2)在企畫或決策時，提供一個路線圖，告訴你目前的狀況及何去何從。

(3)協助你蒐集與整理大量的資料。

(4)激勵你以新的、充滿創意的方式解決問題。

(5)掌控你的注意力與思維，使思慮更周詳。

(6)提昇你的工作效率、學習效果及生命的成就感。

(7)讓你覺得不論是在觀察、閱讀、靜思或記憶，都是非常愉快的事。

3. 當開始思考時，思緒經常會變換不定；線性思考方式常常是干擾的因素，而非線性的心智圖有助於你返回原來主題。

4. 當開始思考時，一個念頭常會觸發另一個念頭；線性思考重視如何將思緒以有組織、有結構的方式展現，因此很難處理這種情況。

5. 當思考時，腦中會由一些具體事件或事件的關聯中看出某個主題；線性思考不容易處理此情況，而心智圖可以。

6. 圖像對頭腦有強大的觸發力，心智圖鼓勵使用圖像。此外，

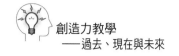

創造力教學
——過去、現在與未來

色彩也是很好的觸媒，心智圖鼓勵運用色彩。

7. 可在想到某事時，就將它在適當的位置標明下來

8. 在繪製心智圖的過程中，一個想法會觸發另一個想法。

9. 在繪製心智圖時，各式各樣的想法會湧入腦海，而且都能一一掌握。

10. 在繪製心智圖的過程中，思考或想法可以往後、往前或往旁邊延伸。

11. 繪製心智圖的過程有趣，而且可以開發腦力，不會讓人覺得繁瑣無聊。

(二)如何繪製心智圖

既然心智圖有這麼多功能，那如何繪製心智圖呢？其步驟如下（O'Keeffe, 1998/1999）：

1. 找出一張紙。

2. 在紙的正中央畫上代表思考主題的圖像或符號。

3. 利用不同色彩。

4. 當思緒浮現時，由中心畫出一條分枝線，並在線旁邊簡單註明，再加上一個圖像或其他視覺線索。

5. 不同的分枝以不同的色彩表現。

6. 當相關概念出現時，把它們畫為主要分枝上的第二層或較小的分枝。

7. 把各個分枝所代表的點子串連起來，可用箭頭、星號、數字、色彩等方式。

8. 在進行過程中，不同的關聯、主題、方法可能會湧現腦海，可隨時利用這新的素材，再另起一心智分枝，以釐清腦海中的事物。

孫易新（2002）建議教師在教導學生繪製心智圖時可特別提醒

下列事項：

　　1. 主題在中央。

　　2. 使用品質較佳的白紙。

　　3. 影像的使用最好是彩色、立體的。

　　4. 色彩的使用個人化。

　　5. 文字的使用（關鍵字）以單字為原則。

　　6. 結構成放射性。

　　7. 要能凸顯心智圖的風格、重點，且有個人的特色。

㈢心智圖的例子

　　圖 8-1、圖 8-2、圖 8-3 呈現三個心智圖的例子，以作為教學的舉例說明參考。

四、水平思考法

㈠何謂水平思考法

　　水平思考法（lateral thinking）為 De Bono（1971/2000）所提出，它是相對於垂直思考（vertical thinking）的思考方法。以挖洞來做比喻，若垂直思考是試圖把洞挖深，水平思考就是嘗試多挖幾個洞，而非把洞挖得更深。因此，垂直思考要問的問題是：「這是看事情最好、最正確的方法嗎？」其目的是在判斷什麼是對的，然後全心投注。水平思考要問的問題則是：「有沒有其他看事情的方法，可以換個角度來思考一下嗎？」其目的是在尋找替代方案。

　　此外，垂直思考試圖建立連貫性，而水平思考則試圖引進不連貫性。在垂直思考中，必須依照邏輯順序進行；在水平思考中，則可以做出完全不合理的跳躍。水平思考跳躍的重點是：做出跳躍之前，不需要在乎思考合理與否，一切隨後判定。因此，水平思考鼓

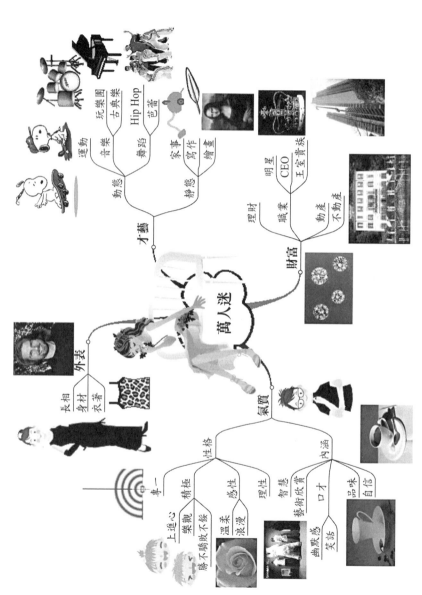

圖 8-1：心智圖舉例一（萬人迷）

註：93 學年度下學期「創造力教學」課程，張浩珊、李佳霖、蔡維瑩、邱昀儀、王信賦製作。

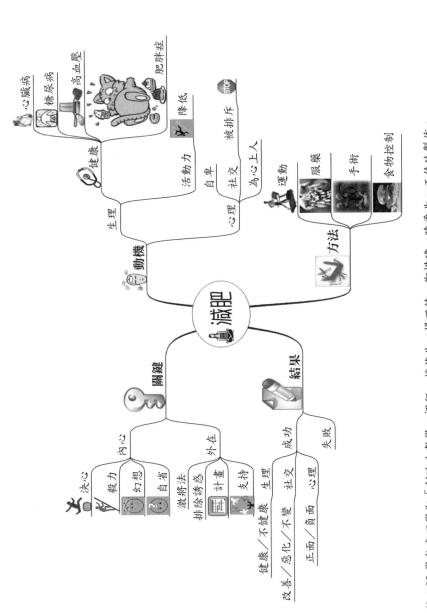

圖 8-2：心智圖舉例二（減肥）

註：93 學年度下學期「創造力教學」課程，趙苑曲、楊璐綺、鄭棋瑋、陳柔曲、王佳玲製作。

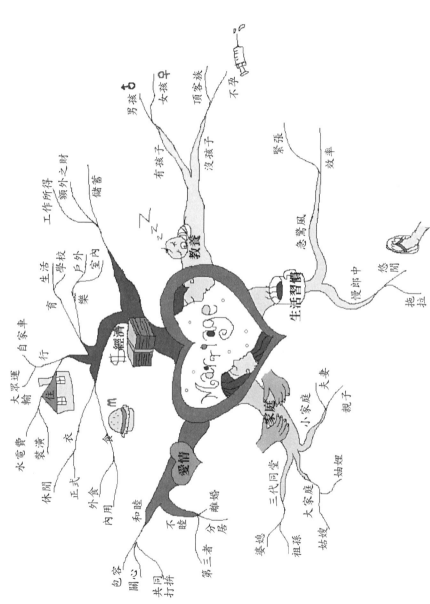

圖 8-3：心智圖舉例三（婚姻）

註：93 學年度下學期「創造力教學」課程、游群書、張李春、黃靖玟、黃慧欣製作。

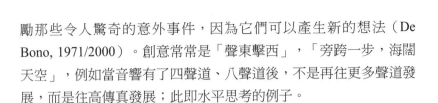

勵那些令人驚奇的意外事件，因為它們可以產生新的想法（De Bono, 1971/2000）。創意常常是「聲東擊西」，「旁跨一步，海闊天空」，例如當音響有了四聲道、八聲道後，不是再往更多聲道發展，而是往高傳真發展；此即水平思考的例子。

(二)水平思考五招

根據 De Bono（1971/2000）的看法，進行水平思考有三件事是必須要做到的：(1)發展能引起改變與新想法的態度。(2)避免垂直思考的抑制作用。(3)開發各種技巧與工具。從這些觀點，他提出下列水平思考五招：

1. 認清你是怎麼想的

這裡強調的是如何辨識造成阻礙的一些想法。而如何檢視現有局限的想法呢？可透過檢視支配性的想法以及檢視兩極化的傾向。

(1)檢視支配性的想法：支配性的想法為一種強而有力的組織化想法，它會影響我們看待問題與處境的方式；但我們往往只是模糊地意識到它的存在。在任何一種處境中，都可能會有超過一種以上的支配性想法。例如，面對師資過剩的問題，有人被「教職是鐵飯碗」的想法支配，因而認為師資不應過度開放，而且考上教職是唯一的選擇；有人則認為「教師愈多，競爭愈大，教育品質會愈好」。因此認為師資過剩對提昇教育品質是有利的，不必過度控管師資培育的總量。我們必須要能夠辨認自己的支配性想法，才能面對它，進而跳脫這些思考的框框。

(2)檢視兩極化的傾向：兩極化傾向係指一種「非此即彼」的思考態度；它不像單一固定的想法那麼僵硬，而是有彈性的空間存在，但這樣的彈性只限於兩極之間。有時候，兩極化傾向可能比支配性想法的局限更大，因為它會產生考慮替代方

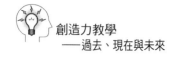

案的假象，而事實上卻是阻絕了所有替代方案的選擇。因此，我們要能夠去辨識這樣的假象是很重要的。而破除兩極化傾向的有效方法之一是：進行「假設」的思考。但值得注意的是，想要檢視所有的假設是不可能的，也是不切實際的。在檢視假設時，我們應該要就問題情境，集中注意力在某些假設上，以便有效引發新想法。

2. 擺脫束縛，重新出發

辨識出現有局限的想法之後，接下來就是要擺脫其限制，避免用現有的想法來看待目前的處境，並嘗試從不同的角度思考。下列方法有助於走出局限性想法的束縛：

(1)一千個為什麼：問「為什麼」的目的是在使想法更開放，而非用來質疑別人，以證明自己的想法是合理的。

(2)轉移注意力：刻意地轉移注意力的目的，是要把注意力從看似自然的問題中心，轉移到問題的其他部分，以產生更多不同的想法。

(3)改變切入點：改變切入點不是要列出所有可能的切入點，然後逐一去嘗試，或是挑出最有可能的那一個切入點來嘗試，而是很簡單地改變原來的切入點。也就是說，要能察覺自己經常進入的切入點，然後刻意轉移到其他切入點。

(4)尋找替代方案：水平思考強調跳脫固有的看法，以不斷產生新方法。水平地尋找替代方案的重點是：一定要刻意，一開始就要讓它發生。但是替代方案不是愈多愈好，必須要限額，也許不要超過五個，否則反而會產生挫折感。此外，這些替代方案彼此之間必須要有差異存在，才有意義。

(5)改變觀念：觀念會強烈影響我們如何看待一件事情。在考慮某個問題處境時，一些基本的觀念常常會反覆出現，使得我們以為別無選擇，只能在這些觀念之間周旋。如果我們能避

免這些標準觀念，就能跳脫看待事情的窠臼。

(6)分離法：分離法就是把概念拆散成幾個部分。使用分離法的
目的並不是要分解概念所包含的成分，而是要把某個想法從
整體概念中抽離出來，看看還剩下什麼，然後把剩下的部
分，組成一個前後連貫的想法，這樣便可以產生看事情的新
方法。所以，分離法其實是要把分開的概念連結起來。

3. 洗心 —— 從扭曲開始

水平思考的第三招是要根據現有的觀點，去加以改變，然後再
由此繼續前進，其目的其實是在替僵硬的垂直思考鬆綁。而要改變
現有的觀點，往往必須用不同於傳統的「不合理」方法，下面兩種
方法可作為參考：

(1)逆轉：逆轉是一種逆向思考，思考者必須扭轉現有的觀點。
例如要提昇產品銷售的利潤，可以提高價格；但也可以有下
列的逆轉思考：「降價促銷，以達到薄利多銷。」

(2)扭曲與誇大：扭曲與誇大是利用目前問題處境的某一部分，
做出改變，或是把一個過程帶到極端的結論。當扭曲的程度
很誇大時，就不可能用原來的方法看待處境，也不可能再沿
著傳統的思路發展。在使用扭曲和誇大的方法時，應注意下
列事項：①一次只使用一種扭曲和誇大的方法。②扭曲和誇
大不一定要非常極端才會有效。③和逆轉法一樣，一旦做出
改變，要多停留一會兒，不要繼續一變再變。

4. 革面 —— 不連貫的方法

此法在利用「偶然」與「引發刺激的」方法，引進不連貫性。
所謂不連貫性指的是：新的想法不是產生於處境內部，或是這個新
的想法和目前的問題處境毫無關聯。使用不連貫方法的目的乃在造
就一次重新組合或是切入點的改變，其可用的方法如下：

(1)暴露在不相關的環境中：暴露必須是刻意而為；從暴露在不

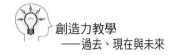

相關的環境之過程中，可以培養對事物的敏感度，而這樣的
敏感度對創意的產生是非常重要的。暴露在不相關的環境中
有時候會產生讓你驚奇的想法，例如跑到百貨公司閒逛、造
訪不同的國家、隨手翻開某本雜誌等。

(2)交互影響：透過互動，有助於激發不同與新奇的想法，但其
重點是互動的人們必須要來自不同的領域而且學有專精的
人。

(3)轉移問題：轉移問題法試圖從外面某個特別的領域引進一些
東西，然後藉由這種不連貫來產生新想法。轉移問題的方法
很簡單，即在問題解決之前，從這個問題轉移到另一個問
題。

5.故步歧途

這個方法和刻意引進不連貫有關，類推法和隨機選字法是有效
的方法。

(1)類推法：類推法是把問題處境轉換到一種類推法的情境中，
然後根據那種類推法的邏輯來思考。例如，釣魚可以類推到
教學上；「魚餌是教材內容」、「魚竿是學習策略」。選擇
類推法的要點包括：它必須是生動活潑、為具體的形象或事
件、要有改變的歷程，以及它是導向人盡皆知的過程。

(2)隨機選字法：隨機選字法是引進不連貫的方法中，最刻意也
是最明確的方法。隨機選字法意圖創造出一個隨機的刺激來
源，例如從字典隨便挑一個字。一旦找出這個字後，我們必
須思考這個字與目前處境的關聯。隨機選出來的字可以開啟
一個新的切入點，而改變切入點是改變看待問題態度最有效
的方法之一。

五、認知改變訓練法

隨著時空的轉變，許多事物都在演化當中。例如，以前百貨公司最初的主要功能是在賣服飾，現在它已經具有多面向功能；例如，地下美食街可以吃東西聊天，而一些用品與藝術品的櫃台也提供了休閒與藝術鑑賞的功能。而這些「賣服飾」以外功能的產生，即在經營者「認知的改變」。

再舉個例子。以前麥當勞並沒有所謂的車道（driveway），後來發現這對開車想外帶的民眾並不是很方便，於是產生了「車道」這樣的設計，使得麥當勞的生意更好。可見，「認知的改變」是產生創意的重要來源。教師可以鼓勵學生專注於某一事件，然後嘗試改變認知（即跳脫既有功能或認知的限制），產生不同或擴充的想法。

六、反分析訓練法

「分析」是同中求異，而「綜合」則是異中求同。我們的教育往往比較強調分析能力的訓練，而較忽略綜合能力的培養。對創造力教學而言，綜合能力的培養也是很重要的。

大前研一在《策略家的智慧》（*The Mind of the Strategist*）一書中曾經提及：「分解和重新安排一個情況的最可靠方式，並非系統分析，而是人腦的非線性思考方式。」（引自詹弘志，1998，頁 136）。大前研一認為日本企業之所以能夠有龐大的競爭力，是因為每個公司都有一位「天生的策略家」，他們能從整體角度審視公司、顧客和競爭者之間的關係，然後逐漸融合成一套目標和行動計畫。這樣的策略性思考顯然是綜合能力的運用。

在日常生活中或課堂中隨時均能進行「反分析的訓練」，即找出不相干事物的共同點。例如嘗試找出水與筆筒的共同點，你可能可以做出一個透明的筆筒，而且其中有水會晃動（這是郵政壽險曾

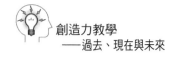
經推出的贈品）；這就是一個具有創意的商品。

七、科幻小說訓練法

科幻小說訓練法即為想像力的訓練。想像力是產生創意的必要能力，誠如愛因斯坦所說：想像比知識還重要，因為知識定義了我們目前已知與了解的一切，而想像卻指向我們可能發現與創造的一切。換言之，記憶告訴我們過去的世界，感官告訴我們現在的世界，想像則告訴我們未來可能的世界。目前的科幻片電影很多，有些科幻片的想像力之豐富，真是令人嘆為觀止，而這樣的創意與想像力其實是可以透過教學來培育的。

在教學過程中，教師可常常引導與鼓勵學生思考一些假設性的問題，例如：「如果……那麼會……」；「如果當初……」「如果這件事繼續這樣發展下去，會……」這些類似的問題都是可以激發學生想像力的。

八、杜拉克式問句

彼得杜拉克（Peter F. Drucker）被譽為「現代管理大師」，他以九十八歲的高齡於 2005 年 11 月去世。他堪稱是顧問行業中的傳奇人物，單槍匹馬，沒有與人合作，也沒有公司或辦公室，但他的顧問費卻高得嚇人。

在解答顧客的疑難雜症時，杜拉克最常問的問題包括：「你真正想做的是什麼？」「你為什麼要去做？」「你現在正在做些什麼？」「你為什麼要這樣做？」此外，杜拉克最常問的問題就是「你最想做的一件事是什麼？」，因此也被稱為「一件事先生」。他問這個問題的目的主要是再讓顧客「集中精神於真正想做的事」。能夠提出「好的問題」，就等於「問題解決了一半」。而何謂好問題呢？好問題有三個要素：(1)問題要淺。(2)問題要清楚，直

達重點。(3)問題是重要的（詹弘志，1998）。簡言之，杜拉克式問句即在簡化問題，把精神集中在「目標」上，這樣才能產生創思，進而真正有效地解決問題。

九、後設轉換法

後設轉換法（metaphorming）是 Siler（1996）所提出的。舉凡我們可以想到使事物產生關聯的方法都可以算是後設轉換，包括隱喻（metaphor）、類喻（analogy）、象徵（symbol）、故事（story）、雙關語（pun）、寫故事（story-writing）、說故事（story-telling）、視覺化（visualizing）、假設（hypothesizing）、角色扮演（role-play）等；這些過程都與創意的產生息息相關。後設轉換涉及的不只是發現事物的相似性或共同性，它更強調藉由將事物以新奇和有意義的方法加以連結之後，而創造出新觀點或新產品。

後設轉換法的過程包含六個層面；連結（connect）、產生關聯（relate）、探索（explore）、分析（analyze）、轉換（transform）、體驗（experience），簡稱CREATE。這六個層面的說明如表 8-2（Siler, 1996）。

表 8-2：後設轉換法的六個層面

層　　面	說　　明
連結（connect）	思考原本兩個不同的事情或觀點有什麼關聯。例如：花園和心智可以有何關聯？
產生關聯（relate）	觀察一些外在的事物或觀點與你原本已經知道或熟悉的事物，有何共同性。例如：你一些觀點的成長是像野花，還是像家裡種的花？
探索（explore）	把上面想到的共同性用畫的、建構模式的，或角色扮演的方式描述出來。

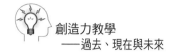

（續上表）

層　面	説　明
分析（analyze）	回頭想一想或仔細看一下你已經想出來的觀點或模式等，並檢視從你的探索當中，你得到什麼洞見（insight）。
轉換（transform）	基於你所想到的關聯性、探索和分析等所畫出的或所建構的模式，發現並發明一些新的觀點或產品。
體驗（experience）	盡可能將你所畫出的、建構的模式或是發明，在不同的情境中體驗並加以應用。

參 改變創造力意向的策略

以下介紹四種有助於改善創造力負面心態的策略，這些策略包括採行積極有力的心態、跳脫既有的框框、反手刷牙訓練法、重新充電並全力以赴。

一、採行積極有力的心態

心態是指看待事情的一種固定方式，它設定你的心智如何看待事物。例如 "opportunity ISNOWHERE" 這一串字可以有兩種不同的解讀方法：對自己創造力沒信心的人可能會解讀成 "Opportunity IS NO WHERE"（機會是不存在的），而對自己創造力有信心的人可能會解讀成 "Opportunity IS NOW HERE"（機會此刻就在這裡）。後者樂觀與懷抱希望的心態顯然是比較積極的，而這樣積極的心態往往是高創造力者的重要特質。

但有些心態對於創造力的產生確是強烈的阻礙，例如你覺得「我是一個失敗者」，你一定可以找到支持你這個想法的理由或證

據，來強化你這樣的信念，使得你對自己失去信心，因而一再失敗。而常見會阻礙創造力產生的心態就是「畫地自限」。畫地自限的心態特徵包括：(1)不自覺。(2)容易只注意能強化此心態的資料。(3)產生「我辦不到」的心態。(4)產生僵化的心態。

在創造力教學的過程中，協助學生破除負面的心態，並培養積極的心態，可能比教導他們創造力技巧來得更重要。尤其是「我辦不到」這樣的信念是學生常會有的心態，教師如何將此信念轉換為「我辦得到」是非常重要的。另外，產生僵化的心態也容易使我們只集中注意力在支持這種心態的訊息上。「眼睛在此只看到它所找尋的事物，而它所找尋的事物早已在腦海裡」（O'Keeffe, 1998/1999, p.270）這是巴黎警察科學學校（Scientific School of Police）的校訓；這句話提醒我們，人們是多麼地容易陷入僵化的心態。下面是兩個說明「畫地自限」的例子（O'Keeffe, 1988/1999）。

(一)車禍

> 情境：一對父子因車速過快而發生車禍，兩人都身受重傷，陷於車子的殘骸中。兩輛消防車與一輛救護車來到現場，決定把傷勢較嚴重的兒子先救出來。兒子被送上救護車，而且只花二十分鐘就到醫院。他立即被推入一間外科病房，此時只見一位穿白袍的醫師匆匆趕來，一把拉開房間的簾幕，叫道：「噢，他是彼得，我的孩子。」這到底怎麼回事？

你的答案是什麼？這位醫生是孩子的父親或是繼父嗎？許多人的刻板印象認為醫生是男性，所以可能會因而畫地自限。但是這位醫生也可能是媽媽，或是這位醫生是一位神職人員，很有愛心，所以會說「我的孩子」。

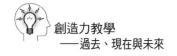
(二)猜時間

> 1. 如果不看錶，你能猜出現在的時間嗎？請大聲說出，並檢查一下。
> 2. 你可能猜得相當準確。
> 3. 現在，不要看手錶，請問：你手錶上的六點是如何標示的？是阿拉伯數字，羅馬數字還是一點……？
> 4. 這應該不困難，因為你剛剛才看過錶。

　　奇怪的是，很多人都說不出答案。這個問題取決於我們看錶的心態。如果你是以一般心態看錶，可能會答不出來，但如果是從欣賞的角度來看錶，你就自然會注意到錶上數字的設計方式。這個例子再度告訴我們「心態」如何影響我們看問題與產生創意的問題解決方法。

二、跳脫既有的框框

(一)左腦的自我設限

　　雖然左腦對創造力的產生扮演重要的角色，但是左腦的自我設限，往往也是產生創造力的阻礙。常見的左腦自我設限或創造思考的障礙為（O'Keeffe, 1998/1999）：

　　1. 跳脫框框的思考被視為行不通。
　　2. 跳脫框框的思考會妨礙行動。
　　3. 不鼓勵跳脫框框的思考。

　　可見，無法跳脫既有框框是一般人很容易遭遇的問題，而且這樣的問題深受心態的影響。所謂血統主義，也是無法跳脫既有框框的心態。血統主義者相信所有事物都存在一個不可變的「正統」，

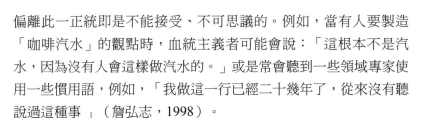

偏離此一正統即是不能接受、不可思議的。例如，當有人要製造
「咖啡汽水」的觀點時，血統主義者可能會說：「這根本不是汽
水，因為沒有人會這樣做汽水的。」或是常會聽到一些領域專家使
用一些慣用語，例如，「我做這一行已經二十幾年了，從來沒有聽
說過這種事」（詹弘志，1998）。

　　網路上有這樣一個問題：有一天晚上，你一個人開著一輛雙人
座的跑車，行駛在郊外，此時發現不遠的前方有三個人在向你攔
車，而你的車只能搭載一個人，你會怎麼選擇？(1)一個身患重傷的
老奶奶。(2)曾經是你救命恩人的醫生。(3)你夢寐以求的夢中情人。

　　你可能會選擇(1)發揮你的愛心，也可能選(2)報答他的恩惠，或
選(3)成全你的夢想。可是，你有想過可能有更好的方法嗎？也許更
好的方法是：「把你的車交給醫生讓他載老奶奶去醫院，然後你跟
你的夢中情人漫步在月光下。」許多人想不到這種完美的結局，是
因為被局限在所有權的框框裡（車子是我的）。每個人都活在充滿
選擇的世界裡，但往往忘記了如何去突破僵局，而去將就別人給我
們的框框。其實，換個角度思考，也許你可以獲得更好的問題解決
方法。

(二)跳脫既有框框應有的認知與心態

　　下列方法有助於擺脫自我設限於既有框框的思考中，進而跳脫
既有的框框（O'Keeffe, 1998/1999）：

1. 主動出擊：主動地跳出思考的框框，往往可以幫助你獲得更
   多的價值或想到更好的問題解決方法。例如，想一想你希望
   未來是什麼樣子？嘗試重新出發，不要陷在歷史的框框；畫
   個心智圖也許會有幫助。

2. 讓目標跳脫框框：我們常常容易受到習慣框框的限制，檢視
   自己是否朝正確的目標前進；但是，如果你不知道自己的目

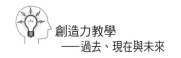
標在哪裡，要往何處去，反而可能會在一個偶然的探索機會之下，找到一個你真正想達成的目標。因此，訂定目標固然重要，但是別忘了，每隔一陣子就要檢視一下原先設定的目標是否還是最好的，別讓目標變成僵硬的框框。

3. 讓格局跳脫框框：在處理問題時，不要被原來的思考框框所限制，要以最大的格局來思考；這是獲得突破性成果的有效方法。

4. 打破固有思考：固有思考是指個體在思考上總是依樣畫葫蘆，一再重複既有的規則或公認的真理。在教學的情境中，如果教師能夠排除構成框框的障礙，對於打破班上同學固有思考的束縛是有很大的助益的。

5. 不迷戀過去的思考：過去成功的經驗是一種助力，同時也是一種阻力。人們常會依循過去成功的方法或策略，而不願意或不敢嘗試其他新的方法。要有突破性的創思或創造力表現，必須要能克服這樣的迷戀心態。

6. 一試再試：任何新的想法，可能是兩種以上方法的結合。因此，第一次就能百分之一百正確或成功是不太可能的。如果不成功，必須要有毅力一試再試。

7. 從容靜待：我們常常會想要立即想出最好的點子或問題解決的方法。但是，如果把問題暫時擱置，有意識或無意識地讓它發酵，可能會醞釀出讓你驚奇的效果。

㈢透過腦力開發、腦力練習跳脫既有的框框

欲擺脫左腦的自我設限並跳脫既有的框框，可透過腦力開發練習來改善。下面是一些腦力開發的例子（O'Keeffe, 1998/1999）。

1. 數字

> 問題：如何加一條線，讓 VI 變成七？
>
> 答案：在右邊再加一個羅馬數字 1，使其變成 VII。

2. 杯子

> 問題：有六個杯子排成一列，前三個是空杯，後三個是滿杯
> （見圖 8-4）。如何移動一個杯子，使所有杯子成空杯
> 與滿杯相間排列？
>
> 答案：將第五杯的水倒到第二杯之後再放回。

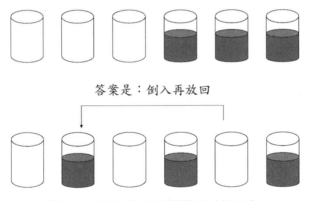

圖 8-4：腦力開發練習舉例（杯子）

3. 籌碼

> 問題：有七個籌碼排成一個直角，其中三個排成直的，四個排
> 成橫的（見圖 8-5 左邊）。如何只移動一個籌碼，使縱
> 橫兩排均為四個籌碼？
>
> 答案：將橫排第四個籌碼疊放到第一個籌碼上面（見圖8-5右邊）。

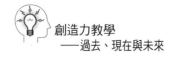
答案是：疊放

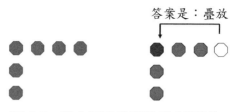

圖 8-5：腦力開發練習舉例（籌碼）

4. 蠟燭

問題：如何利用圖 8-6A 的工具，將蠟燭固定在牆上？

答案：需跳脫火柴盒只能裝火柴的框框，把它當作一個固定蠟
　　　燭的平台，如圖 8-6B（Baron, 1996）。

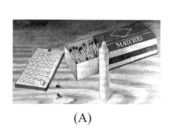

(A) (B)

註：採自 *Essentials of psychology,* by R. A. Baron, 1996, pp.244-245. Needham
Heights, MA: Allyn & Bacon.

圖 8-6：腦力開發練習舉例（蠟燭）

三、反手刷牙訓練法

　　反手刷牙訓練法即是反習慣的訓練。如果你一向慣用右手刷
牙，有沒有想過試試用左手刷牙看看？人們常有逆變的心理，一方
面懷念舊有的創意，另一方面則害怕未來的創意。哲學家 William

第八章・創造力教學的策略

James 曾說:「事實上,天才只不過是以非習慣性的方式去理解事物的能力罷了。」(詹宏志,1998,p.110)可見,打破慣性的作法或嘗試以非習慣的方法來思考,是引發創意的重要心態。

　　當我們養成重複以相同方式持續做某事的傾向時,就形成所謂的「心向」。但值得注意的是,我們往往形成「負面心向」而不自知。負面心向是以相同方式持續做某事,但這個方法是不適當的。下面是兩個負面心向的典型例子。

(一)九個點的問題解決

問題:如何以四條線穿過九點(見圖 8-7A),但筆尖不可以離
　　　開紙面?

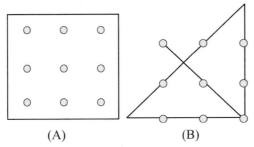

(A)　　　　　　　　(B)

註:採自認知心理學:理論與實踐,鄭昭明著,1993,頁 382。台北:桂冠。

圖 8-7:九個點的問題解決

　　研究發現,許多受試者均無法跳脫原點的限制,即不能跳脫「不能超出圓點」的框框(鄭昭明,1993);只要能跳脫這樣的思考框框,其實就很容易得到正確答案(如圖 8-7B)。

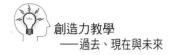

㈡水桶的問題

> 問題：練習一到練習六是透過什麼四則運算公式，由 A、B、C
> 得到想要得出之容量（見表 8-3）？那練習七呢？

表 8-3：水桶的問題

問題順序	空水桶量			要得出之容量
	A	B	C	
練習一	24	130	3	100
練習二	9	44	7	21
練習三	21	58	4	29
練習四	12	160	25	98
練習五	19	75	5	46
練習六	23	49	3	20
練習七	18	48	4	22

註：採自 *Essentials of psychology,* by R. A. Baron, 1996, p.244. Needham Heights, MA: Allyn & Bacon.

　　從練習一到練習六均可套「B－A－2C」而得到正確答案，練習七也同樣可以套這樣的公式，但是卻有更簡單的計算方法，即「A＋C」（Baron, 1996）。許多人從練習一做到練習六之後，就形成思考固著，習慣性地直接再度套用 B－A－2C，而不再思考是否有更簡單有效的解決方法，此乃創造思考的大忌。

四、重新充電、全力以赴

　　如果以精力和態度來看，可將人區分為四種：⑴精力不足又態度消極——無可救藥者。⑵精力充沛但態度消極——憤世嫉俗者。

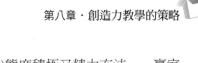

(3)態度積極但精力不足——政客。(4)態度積極又精力充沛——贏家（O'Keeffe, 1998/1999）。可見，要產生突破性的創意，成為贏家，必須不斷充電、全力以赴。而要達到這個目標，下列建議是值得參考的：

(一)持續永恆的循環

要維持一個充滿精力、鬥志與熱情的永恆循環，可以將一天的行動分為四個階段：(1)點火準備開始一天的活動。(2)在白天保持精力旺盛。(3)在工作結束後做適當的調適。(4)重新充電。

(二)熱情地投入工作

熱情地投入工作是產生創造力的必要條件，但如何保持這樣的熱情，卻不是一件容易的事。要保持投入工作的熱情有三個原則：(1)堅持只做重要的事。(2)專注並兼顧三種層次的滿足感：成就、經驗與學習。(3)管理自己的情緒。

1. 堅持只做重要的事

為何堅持只做重要的事很重要？我們可從 Stephen Covey 所提出的比喻「水桶裡的石塊」來做說明。你可以試著把一些大石塊放到空桶當中（如圖 8-8A），然後以粗沙盡可能塞滿石塊間的空隙，接著再倒入細沙，填入更窄的縫隙中，並一面搖晃桶子。最後，倒入水，一直到桶子完全裝滿為止（如圖 8-8B）。

從這個練習我們學到什麼？如果大石塊沒先放進去，後來就放不進去了。因此，不要為小事分神，應該將注意力集中於重要的事，並堅持到底。

2. 專注並兼顧三種層次的滿足感：成就、學習與經驗

滿足感是產生動力的來源，兼顧成就、經驗與學習三種層次的滿足感，有助於保持工作熱情。成就層面指的是能成功地完成任

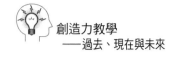創造力教學
——過去、現在與未來

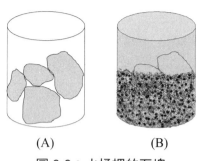

(A)　　　　　　　(B)
圖 8-8：水桶裡的石塊

務；經驗層面指的是在工作時體會與享受一下你的發現；學習層面
指的是在工作時不忘學習。大多數人只會注意到第一個層面，但是
兼顧三個層面才能使你的精力與鬥志源源不絕。

3. 管理自己的情緒

嘗試總有失敗的時候，因此你的熱情總有被澆熄的時候。我們
必須要學會一些情緒管理的技巧，才不至於使自己陷入長期的消
沉。下列是一些管理情緒的建議：

(1)聽到不合理的言詞：把它當作胡言亂語，一笑置之。

(2)聽到不公平的批評：想像這些批評是印在眼前的一張紙上，
　　而這張紙從你的面前一直飄到天花板，慢慢地你就看不到上
　　面所寫的字了。

(3)遇到麻煩時：想像把麻煩寫在紙上，然後把它燒掉。

(4)當心情低落時：嘗試以比較好的感覺取代，或把它想像成是
　　連續劇的情節。

(5)由不同角度看事情：找到不同的、更好的角度看事情，有助
　　於調節不愉快的情緒。

(三)工作結束後做適當的調適、重新充電

我們常說：「休息是為了走更遠的路。」工作以外的活動有助

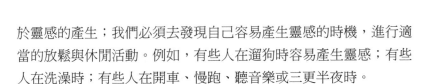

於靈感的產生；我們必須去發現自己容易產生靈感的時機，進行適當的放鬆與休閒活動。例如，有些人在遛狗時容易產生靈感；有些人在洗澡時；有些人在開車、慢跑、聽音樂或三更半夜時。

此外，讓生活中各個領域（家庭、工作、運動、朋友、嗜好、健康）等目標達到適度的平衡，也是成功產生創意的重要因素。因為「成功」往往是在你所選擇的事物之間選擇一個平衡點，確定目標之後，再採取行動去達成。千萬不要「花一輩子的時間在爬樓梯，到頭來卻發現梯子根本靠錯了牆」。千萬不要「每天搭生命的公車，而要成為公車的駕駛」。你現在就可以做個練習：利用心智圖畫出你最關心或感興趣的領域，再分別往下列出你在這些領域想完成的事，然後採取行動，不要猶豫，就在今天著手進行。

肆 結語

聯強總裁杜書伍認為：思考最好從小教育。愈早養成思考習慣，其在成長過程中會愈有體悟。引發孩子的好奇心是啟動思考的源頭。一開始時一定是天馬行空，但有了思考習慣後，第二步就要學對的、有效的思考方法。杜書伍並認為思考有三個層次：(1)有思考習慣但沒方法：這是天馬行空，不切實際的。(2)思考習慣加上方法：此時能形成一套順序和步驟，使思考更有效率並產生結果。(3)有了好的效果，使你相信這是對的方法，並積極去使用它：隨著思考閱歷的增加、思考的材料變多，思考的廣度和周延度也隨之增加，因此就能思考更複雜的問題（商業週刊，2005年，12月）。可見，思考的態度或習慣與思考技巧的相輔相成，對創造力發展與表現的重要性。

1950年代，心理學家估計人類只用到50%的腦力；1960年代

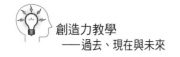

與 1970 年代，心理學家估計人類只用到 10%的腦力；而到了 1990
年代，心理學家估計人類只用到 0.01%的腦力。可見，人類的腦力
與潛能仍有極大的空間，藉由心態的改變、技巧的訓練，可以活絡
我們的神經元網路，增進我們的專業知識與創造力。誠如 Plutarch
所言：「心智並非有待注滿的容器，而是有待引燃的火焰。」因
此，二十一世紀教師的主要挑戰，是如何解放學生的腦力。最後，
筆者我要強調的是「心態決定創意的產生」，換個心情、換個角
度，你會發現原來創意的產生並不是那麼地遙不可及；你也可以有
創意！

第九章

創造力的評量

> 創造力的評量，
> 必須兼顧創造力的各個面向；
> 否則，可能會有瞎子摸象之虞。
>
> —筆者—

　　創造力評量是創造力教學設計中非常重要的一環。本章主要就創造力評量的起源與發展、歷年來創造力測驗中所用的創造力定義、創造力評量的種類、創造力評量的議題、創造力評量的未來方向等做一介紹，以供教師在進行創造力評量之參考。

壹　創造力評量的起源與發展

　　創造力測驗的發展起源於多元智能的概念，以及對傳統智力測驗無法檢驗出創意潛能的質疑。早期所提出的智力測驗並未考量到創意潛能的評估；因此，若以高智商作為評估創造力的標準，恐怕會將真正的高創造力者淘汰，心理學界因而興起了創造力必須跨越傳統智力測驗界限的認知（Cropley, 1997）。

　　創造力測驗的發展大致與創造力的研究取向之發展是一致的，而比較客觀的評量方法應在心理計量取向的研究方法被提出之後。

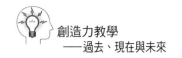

創造力教學
——過去、現在與未來

創造力的研究取向大致可分為下列幾個階段（Sternberg & Lubart, 1999）：

㈠神祕取向：創意的個人被視為原來是空無一物的容器，而後由神（上帝）注入靈感。

㈡實用取向：主要關心如何發展創造力、其次是如何了解創造力；對創意的效度是最不重視的。

㈢心理動力取向：強調創造力是起源於意識和無意識之間的緊張關係，是自我防衛方式昇華作用的結果。

㈣心理計量取向：視創造力為一種特質或認知能力，透過因素分析的統計方法探究受試者在紙筆測驗上的表現，以了解創造力的內涵。

㈤認知取向：嘗試了解創造思考的心理表徵及其心理歷程。強調創造力是一種認知的、理性的作用，尤其在解決問題時，常常要以智力做基礎，運用邏輯思考的方法，以達到創造性解決問題的目的。

㈥社會人格取向：著重於人格特質變項、動機變項及社會文化環境對創造力影響的探討。

㈦匯合取向：近年來的研究強調創造力是多重因素互動所產生的結果。

雖然就目前創造力理論（Amabile, 1996; Csikszentmihalyi, 1990; Gruber & Davis, 1988; Sternberg & Lubart, 1999；葉玉珠，2000）的發展而言，一個完善的創造力評估方法兼顧個人因素（包括個人特質、動機、人格等）以及環境因素（包括家庭、學校、組織與社會文化等），而且應該強調實際產品的產出，但目前大多數的創造力研究，仍以心理計量取向的紙筆測驗為主，而且創造力測驗的評量指標多以 Guildford 所建構之擴散性思考為基礎（Cropley, 2000；吳靜吉、陳嘉成、林偉文，1998）。

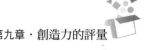

Guilford（1950）基於對智力的概念，認為創造力是可以採用心理計量方式加以測量的，而且可以以一般人為研究對象；之後，研究者紛紛採用Guilford的建議測量創造力，而其中最常見的就是「不尋常的用途測驗」（Unusual Uses Tests）。在教育的情境中，擴散性思考測驗為最受歡迎的創造力測量技巧（Plucker & Runco, 1998）。近年來，創造力測驗有逐漸強調「產品」的趨勢，因而有共識評量（consensual assessment）的產生（Amabile, 1996）。

貳 歷年來創造力測驗中所用的創造力定義

Cropley（2000）整理歷年的創造力測驗，將測驗中所用的創造力定義歸納為下列四個向度：

一、產品

包括獨創力（originality）、相關性（relevance）、實用性（usefulness）、複雜性（complexity）、可了解性（understandability）、愉悅性（pleasingness）、優雅性／精緻性（elegance/well-craftedness）、發展性（germinality）。

二、過程

包括無約束的概念和資訊編碼（uncensored perception and encoding of information）、點子的流暢力（fluency of ideas-large number of ideas）、問題辨認和建構（problem recognition and construction）、不尋常的點子組合——遠距聯想、類別的結合、打破界線（unusual combinations of ideas-remote associates, category combination, boundary breaking）、大類別的建構——調適（construction of

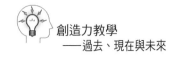

broad categories–accommodating）、辨認解決方法 —— 選擇類別
（recognizing solutions–category selection）、點子的轉換和重新建
構（transformation and restructuring of ideas）、發現啟示（seeing
implications）、精進及擴展點子（elaborating and expanding
ideas）、點子的自我導向評估（self-directed evaluation of ideas）。

三、動機

包括目標導向（goal-directedness）、對工作或領域的著迷
（fascination for a task or area）、對過早自我封閉的抗拒（resistance
to premature closure）、肯冒險（risk-taking）、偏好不對稱（prefer-
ence for asymmetry）、偏好複雜（preference for complexity）、願意
發問許多（不尋常）的問題〔willingness to ask many（unusual）
questions〕、願意展現成果（willingness to display results）、願意詢
問他人的意見（willingness to consult other people）、渴望超越傳統
（desire to go beyond the conventional）。

四、特質／能力

包括活潑的想像力（active imagination）、變通力（flexibi-
lity）、好奇心（curiosity）、獨立（independence）、接納自己的獨
特性（acceptance of own differentness）、忍受曖昧情境（tolerance
for ambiguity）、相信自己的感覺（trust in own senses）、對潛意識
材料的開放（openness to sub-conscious material）、同時處理許多量
點子的能力（ability to work on several ideas simultaneously）、重塑
問題的能力（ability to restructure problems）、從具體事物粹煉的能
力（ability to abstract from the concrete）。

可見，雖然歷年來學者們對創造力的定義非常分歧與複雜，但
有逐漸達成共識的趨勢。近年來，產品、過程、動機、特質／能力

等四個向度，仍然是創造力的定義與評量之重點，但對於創造性產品的評量指標似乎有較高的一致性，而在過程的評量方面也逐漸傾向從訊息處理及神經科學等認知取向，來探討知識統整及洞見的形成過程。

參 創造力評量的種類

近二十年來，創造力的評量工具漸趨多元化；除了傳統較為量化的擴散性思考測驗之外，也有傳記分析、作品評量等較為質性的評量方式之發展。此外，評量的方式也由自評擴展到他評。以下就介紹 Hocevar 和 Bachelor（1989）以及 Fishkin 和 Johnson（1998）對於創造力評量工具的分類。

一、Hocevar 和 Bachelor 對於創造力評量工具的分類

Hocevar 和 Bachelor（1989）將創造力評量所使用的工具或方法，分為八大類。以下就針這八大類的評量工具做簡要介紹，並就主要類別舉一兩例說明。

㈠擴散性思考測驗

擴散性思考以 Guilford 智力結構論為基礎，主要是在了解個體在創造思考的發散過程。如 Villa 和 Auzmendi 所發展的「維拉和奧茲曼帝創造力測驗」（Villa and Auzmendi Creativity Test）（Auzmendi & Abedi, 1996）、Urban 和 Jellen（1996）所發展的「創造性思考──擴散產出」（Tests of Creative Thinking–Divergent Production, TCT-DP）（見表 9-1）。

基於「擴散性思考」的理念所編製的創造力測驗中，最負盛名

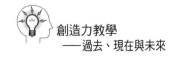

的應為 Torrance（1974）所編製的「拓弄思創造思考測驗」（Torrance Tests of Creative Thinking），其四大評分指標為：流暢力（fluency）、變通力（flexibility）、獨創力（originality），以及精進力（elaboration）；而這四種能力指標所代表的含意依次為：有效反應的總數、有效反應類別的總數、反應的稀有度，以及反應的精緻性。

㈡態度與興趣量表

編製態度與興趣量表的基本理念為：個體所展現的態度和興趣有助於創造力的運作與激發。如 Basadur 和 Hausdorf（1996）所發展的「貝賽德偏好量表」（Basadur Preference Scale）；吳靜吉、林偉文、蘇錦榮所發展的「觀念生產量表」（引自吳靜吉、陳嘉成、林偉文，1998）（見表 9-1）。

㈢人格量表

人格量表的編製乃基於「創造力是一組人格特質」的理念。這些量表主要是以自陳量表或形容詞檢核表等方式來評量，如「愛荷華發明量表」（Iowa Inventiveness Inventory）（Colangelo, Kerr, Huesman, Hallowell, & Gaeth, 1992）、「創造風格問卷」（Creativity Styles Questionnaire, CSQ）（Kumar, Kemmler, & Holman, 1997）（見表 9-1）。

㈣傳記量表

傳記量表的編製者認為個體的創造力表現為過去經驗所影響。傳記量表的主要編製方式是透過設計一些以個人傳記（包括家族歷史、學歷、休閒活動、外表特徵等）為內容的問題讓受試者填答。如 Ludwig 所編製的「創造力成就」（The Creative Achievement），

是希望讓創造力表現優秀的人作答，以分析出高創造力者的特徵
（引自鄭芳怡，2004）。

㈤教師、同伴、視導者評定

透過教師、同伴或視導者進行評量的工具通常是藉由提供一些
行為特質的參考標準，讓評定者來評判個體創造力的高低，如「多
明諾創造力量表」（Domino Creativity Scale, ACL）（Domino,
1994）、「創造力行為量表」（Creative Behavior Inventory, CBI）
（Kirschenbaum, 1989）（見表 9-1）。

㈥作品評定

作品的評定乃透過創造力產品（如作品、檔案等）來評量創造
力的表現。如 Besemer 和 O'Quin（1987）所發展的「創造性產品評
量矩陣」（Creative Product Assessment Matrix）、Reis 和 Renzulli
（1991）所編製之「學生產品評量表格」（Student Product Assess-
ment Form）（見表 9-1）。

㈦名人研究

名人研究的評量方法乃針對一些富有創造力或成就的名人進行
分析。通常其分析內容包括當時的社會與家庭環境、個人的人格特
質和日常生活習慣、創造歷程和產品特色等；透過這些向度的分析
來評量這些名人的創造力表現。但此研究的結果是否能類推到一般
個體的創造力表現上，則仍有爭議。

㈧自我陳述的創造活動及成就

編製這類測驗的基本理念為：透過個體對於創造活動及成就的
自我報告可了解其創造經驗的產生。這類測驗如洪瑞雲（1986）所

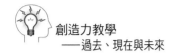

修訂的「我自己量表」，以及鄭芳怡與葉玉珠所修訂的「創意生活
經驗量表」（鄭芳怡，2004）（見表 9-1）。

表 9-1：八大類創造力評量工具的舉例與說明

作　　者	評量工具名稱	說　　明
擴散性思考測驗		
Auzmendi 和 Abedi（1996）	維拉和奧茲曼帝創造力測驗（Villa and Auzmendi Creativity Test）	• 為五點量表；在 20 題形容詞問題上作答。其目的在了解流暢力、變通力、獨創力或精進力。
Urban 和 Jellen（1996）	創造性思考——擴散產出（Tests of Creative Thinking—Divergent Production, TCT-DP）	• 根據創造力的完形心理學理論，從意象產生（image production）來評分；其評分指標包含打破界線（boundary breaking）、新成分（new element）、幽默和情緒。本測驗有 A、B 兩式，受試者必須依自己的想法，將未完成的圖形完成。
態度與興趣量表		
Basadur 和 Hausdorf（1996）	貝賽德偏好量表（Basadur Preference Scale）	• 共 24 題，以五點量表評量有利於創造力的態度。內容包含三個向度：重視新觀點（valuing new ideas）、創意個體的刻板印象（creative individual stereotypes）、太忙以至於無法產生新觀點（too busy for new ideas）。
吳靜吉、林偉文、蘇錦榮（引自吳靜吉、陳嘉成、林偉文，1998）	觀念生產量表	• 內容包括：(1)對觀念產生的消極態度。(2)重視新觀念。

（續上表）

作　者	評量工具名稱	說　明
人格量表		
Colangelo、Kerr、Huesman、Hallowell 和 Gaeth（1992）	愛荷華發明量表（Iowa Inventiveness Inventory）	• 共61題，為五點量表；其目的在區別不同創造力者的個人特質。
Kumar、Kemmler 和 Holman（1997）	創造風格問卷（Creativity Styles Questionnaire, CSQ）	• 為五點量表，共76題。內容包含七個向度：對無意識過程的信念（beliefs in unconscious processes）、技術的使用（use of techniques）、利用他人（use of other people）、最後產品取向（final product orientation）、環境控制（environmental control）、迷信（superstition）、感覺的使用（use of senses）。
教師、同伴、視導者評定		
Domino（1994）	多明諾創造力量表（Domino Creativity Scale, ACL）	• 共計59題；評分指標包含老師的評分或創造課程的選擇（如：舞蹈、音樂、電影藝術），此量表可以顯著區辨出發明者與非發明者。
Kirschenbaum（1989）	創造力行為量表（Creative Behavior Inventory, CBI）	• 由教師評定學生的創造性活動；根據孩子的行為頻率給與 1~10 的分數。此量表包含五個分數：接觸（contact）、意識（consciousness）、興趣（interest）、幻想（fantasy）、總分。
作品評定		
Besemer 和 O'Quin（1987）	創造性產品評量矩陣（Creative Prod-	• 使用71個兩極的形容詞，並分成11個分量表以測出四個

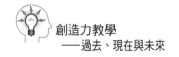

（續上表）

作　者	評量工具名稱	說　明
	uct Assessment Matrix）	向度：新奇（novelty）、解決方法（resolution）、精進（elaboration）、綜合（synthesis）。
Reis 和 Renzulli（1991）	學生產品評量表格（Student Product Assessment Form）	• 以 15 個特徵來評量創意產品；其評量向度主要為：創新想法、計畫達成目標的狀態、精熟程度、超越年紀／年級水準的優異、關心和留意細節、時間、努力和活力、原創的貢獻等。

自我陳述的創造活動及成就

洪瑞雲（1986）	我自己量表	• 評量內容包括：問題解決的行為、經驗的開放、藝術的表現、自持、自信。
鄭芳怡、葉玉珠（引自鄭芳怡，2004）	創意生活經驗量表	• 為四點量表，包括：藝術與設計、語文及肢體表演、科學問題解決、生活風格。

二、Fishkin 和 Johnson 對於創造力評量工具的分類

　　Fishkin 和 Johnson（1998）將創造力評量工具分為：(1)擴散思考過程。(2)人格：態度與興趣自陳量表。(3)人格：他人陳述的人格、態度及傳記量表。(4)作品評量。(5)壓力／情境。(6)整合評量。(7)替代性評量。(8)與創造力直接相關的人格、態度評量。(9)視覺和藝術表演。(10)決定系統。Fishkin 和 Johnson 並將不同的評量工具種類做一比較（詳見表 9-2 ）。

表 9-2：Fishkin 和 Johnson 對於創造力評量工具的分類比較

用　　　途	優　　　點	缺　　　點
擴散思考過程 • 測量創造力潛能的發展 • 識別流暢力、獨創力、精進力及變通力 • 評估創造力訓練的成效	• 可藉此產生量化的資料 • 能建立常模 • 具效度 • 採較寬廣的計分方式	• 易受其他變項的影響 • 局限於測驗，無法測量到其他向度 • 無法顯現個體內在的特質 • 各項計分可能互相干擾
人格：態度與興趣自陳量表 • 解釋影響創造力相關因素 • 使用不同工具評量人格特質或情緒狀態 • 評量成就表現及人格特質	• 可了解孩子對創造力的自我知覺及感覺 • 對成人有很高的預測效度 • 可藉由資料的陳述觀察個體的行為	• 較主觀 • 缺乏效度 • 興趣量表對青少年及成年較有用
人格：他人陳述的人格、態度及傳記量表 • 解釋影響創造力的相關因素 • 評量個體受創造力訓練後改變的效果	• 可標準化 • 可使用團體測驗 • 常使用李克特式量表	• 無法呈現深入的資料 • 缺乏效度
作品評量 • 評估作品的原創品質 • 評估加工生產後的品質 • 不採用測驗的方式進行評估	• 可從不同領域來評量產品	• 缺乏評分者信度 • 缺乏一致的標準 • 評分者往往缺乏訓練
壓力／情境 • 評估創造性環境	• 可研究教室裡的創造力	• 缺乏好的研究工具和程序

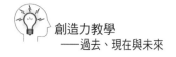

（續上表）

用　　　途	優　　　點	缺　　　點
整合評量		
• 結合擴散性思考測驗、自陳式人格態度及他人陳述式的人格態度量表	• 結合不同的資源評量孩子的創造力	• 觀察資料不充足 • 信度不佳
替代性評量		
• 產品的評量 • 觀察個體的表現 • 接受複雜及開放的行為	• 從不同的非正式觀察、檔案及老師訪談了解個體創造力 • 能反應真實情境	• 需有創造行為表現才能評量 • 缺乏效度
與創造力直接相關的人格、態度評量		
• 了解個體自我概念、內控及領導才能	• 可了解經由接受創造力訓練後，個體擴散思考的改變	• 缺乏人格與創造力相關因素的資料 • 無法建立常模
視覺和藝術表演		
• 認定具特定領域天賦	• 了解特定領域的表現 • 可利用多元化程序（如觀察、檔案）	• 各專家所判定的標準缺乏一致性
決定系統		
• 藉由先前的研究產生解釋資訊的機制	• 運用多元資料 • 運用多元化觀點定義創造力	• 費時 • 施測者須受過訓練

註：採自 Who is creative? Identifying Children's Creative Abilities, by A. S. Fishkin and A. S. Johnson, 1998, *Roeper Review*, *21*(1), pp.40-46.

肆 創造力評量的議題

　　從上面介紹的創造力評量工具的分類以及各類評量工具的比

較，我們可以發現創造力的評量工具非常多，各有其優缺點，但隨
著創造力定義和評量方式的發展與轉變，這些評量工具似乎出現了
一些共同的議題。目前，創造力測驗的主要議題有如下六個（Crop-
ley, 2000; Mayer, 1999; Okuda, Runco, & Berger, 1991; Plucker & Run-
co, 1998; Runco, 1991; Torrance & Goff, 1990）：

一、評量工具主要不在「量」的不足，而在於其「有用性」

從上述的創造力評量工具的分類來看，創造力評量工具的種類
與數量已非常多。Torrance 和 Goff（1990）整理創造力評量工具時
發現，目前最少有二百五十五種測量工具；然而，真正能測量出創
造力潛能的有用工具卻為數極少。

二、強調一般性知識，非特定領域的知識

過去著名的創造力測驗多為一般性（非領域特定）的創造力測
驗。最近的創造力理論或模式（Amabile, 1996; Csikszentmihalyi,
1999; Gruber Davis, 1988; Sternberg & Lubart, 1999；葉玉珠，2004）
均非常強調特定領域知識的重要性；因此，如何將特定領域知識及
思考過程的合理性融入一份創造力測驗，應為未來創造力測驗發展
的中心理念。

三、內隱理論難以測量

了解內隱理論（implicit theory）對於改善創造性產品評量的策
略有很大幫助，但此理論卻很難測量；內隱理論不可能由單一測驗
測得，而必須從多向度來進行測量（Plucker & Runco, 1998），方能
一窺究竟。Hocevar 和 Bachelor（1989）將創造力評量所使用的工具
或方法，分為下列八大類：(1)擴散性思考測驗。(2)態度與興趣量
表。(3)人格量表。(4)傳記量表。(5)教師、同伴、視導者評定。(6)作

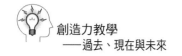

品評定。(7)名人傳記。(8)自我陳述的創造活動及成就。傳統的創造力評量多以前五項中的單一向度進行測量，日後可將此八個向度做適當的組合，進行創造力的評估。

四、多強調概念的產生，少強調產品的產出

較為知名的心理計量取向創造力測驗（如 Torrance 的創造力測驗），多強調創意「概念」的產生。最近學者對於創造力的定義多傾向支持除了要有獨特的觀點之外，更重要的是要能把概念轉變成產品。Amabile（1996）基於創意產品的理念，為創造力下了一個共識的（consensual）定義：一個有創意的產品或反應「必須被判定為(1)對於手邊的工作而言，它同時是新奇和適當的、有用的、正確的、有價值的。(2)這個工作是啟發式的（heuristic），而非有一定系統方法可循的（algorithmic）」（Amabile, 1996, p. 35）。

五、產品評量的一致性

近年來，研究者大多同意以產品取向來評量個體創造力的必要性。

Mayer（1999）整理五十年來創造力的研究發現，大部分作者認為創造性產品必須具有兩大類的特徵：獨創性（originality）與有用性（usefulness）。與獨創性有關的用詞包括新穎（new）、新奇（novel）、獨創（original）等；而與有用性有關的用詞則包括價值（valuable）、適切（appropriate）、重要（significant）、適應（adaptive）、有效（utility）等。

六、擴散性創造思考測驗的問題

擴散性創造思考測驗較常見的問題如下：

(一)流暢力可能是污染因子

目前使用的擴散性創造思考測驗，多將創造力的評分分為流暢力、變通力、獨創力，而這些分數是否真的代表三種不同的能力，值得質疑。因此，Okuda 等（1991）建議應以一個加權的總分來表示創造力。

(二)僅能評估創造力表現的潛能

這類測驗的問題之一在於僅能評估創造力表現的潛能，而非創造力的真正表現（Runco, 1991），而且容易受到施測情境（conditions）、指導語方向（directions）、刺激的類型（the types of stimuli，圖形或語文）之影響。

(三)多為結果導向，少為過程與結果導向兼具

目前的擴散性創造思考測驗多鼓勵學生發揮其想像力，並將可能答案寫出，其推理過程是否合理則不予考慮。例如：Torrance 的「空罐子的用途」一測驗中，學生只要寫出答案即可，不管答案是如何產生的。學生可能寫「火箭」一答案，但他／她在作答時是否曾經思考空罐子如何可以做成火箭，其思考過程是否合理則未被評量。

(四)缺乏預測效度

譚克平（1999）曾對 Torrance 創造思考測驗加以討論；他認為若要提高創造思考測驗的效標關聯度，必須考慮領域問題。例如，從語文產品的創造力或許可以預測受試者在文學領域的創作成就，但很難預測其數學領域的創作成就；從視覺產品的創造力或許可以預測其繪畫藝術的創作成就，但很難預測其音樂藝術的創作成就。

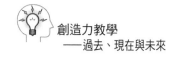
因此，從產品入手，就必須考慮產品的領域特定性，不能單純從產品當中抽取跨領域的「獨特性」、「精進力」或「流暢性」作為預測變項，然後就忘掉產品的存在；換句話說，「獨特性」、「精進力」或「流暢性」等性質必須永遠依附於某個特定領域的產品身上，才可能對該領域的創造成就具有某種程度的預測力，而且預測力也通常會隨時間的增長而縮減。此外，Okuda 等（1991）認為擴散性創造力測驗應包含真實世界情境（real-world situations）問題，以提昇其預測創意行為的預測效度。

伍 創造力評量的未來方向

綜合上述創造力評量的發展、分類與議題，筆者對創造力評量未來的方向提出以下五點建議：

一、擴展心理計量方法

儘管擴散性創造思考測驗有其缺點，但就教育者而言，此類測驗仍有其應用的價值，因為這樣的測驗簡潔、容易實施、能提供客觀的參照標準，而且其研究範圍可擴及一般大眾而不只限於傑出成就者。因此，若能改善擴散性創造思考測驗的缺失、選擇適當的使用情境，擴散性思考測驗仍然有其運用價值。

葉玉珠（2002）最近即改進以往的創造力測驗的缺失，發展了一份適用於國小學童的「科技創造力測驗」。這份創造力測驗包含二個分測驗：「字詞聯想」與「書包設計」；其主要特徵與理念為：融入特定的領域知識（科技領域）、兼顧思考過程及結果（必須寫出思考歷程）、強調產品導向（要設計並畫出書包）、與生活經驗結合（書包是每位學童都會用到的）、創造力測驗的指標之分

數可加總。此測驗參考國內外科技創意競賽的評分方式,將「字詞聯想」的評量指標分為四個向度:流暢力、變通力、獨創力、精進力;將「書包設計」的評量指標分為五個向度:流暢力、變通力、獨創力、精進力、視覺造型。在總分的計算方面,「字詞聯想」的總分為每個評量指標乘以 25% 之後加總;「書包設計」的總分為每個評量指標乘以 20% 之後加總。

二、兼重個人特質與環境因素的測量

從創造力發展的生態系統理論(葉玉珠,2000;Yeh, 2004)來看,個人特質(知識、意向、技巧/能力)、家庭教育、學校教育、組織環境及社會文化體系等,均會影響個體創造力的發展,而且近年來學者們也多從多向度的觀點來定義創造力;從第二章所介紹的創造力模式可清楚看到此一發展趨勢。傳統心理計量取向偏重個人特質及過程的測量,未來的創造力評量應兼顧環境因素的測量,方能真正了解創造力,進而進行有效的創造力教學。

目前,國內針對兼重創造力個人特質與環境因素的測量,也已經有一些量表的發展;例如,葉玉珠、吳靜吉、鄭英耀(2000)根據訪談結果,發展了三份量表:「創意發展個人特質因素量表」、「創意發展家庭因素量表」、「創意發展學校因素量表」,提供了資訊科技產業人員具有信度與效度的評量工具。另外,葉玉珠也根據兩年的縱貫研究,同步發展出適用於國小學童的「科技創造力測驗」以及三份影響國小學童科技創意發展的量表,分別為「國小學童創意發展個人特質因素量表」、「國小學童創意發展家庭因素量表」、「國小學童創意發展學校因素量表」(葉玉珠,2002,2003)。

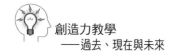

三、使用多元評量方式

　　從 Cropley（2000）所整理出來的四個向度、Hocevar 和 Bach-elor（1989）所提出的八大類，以及 Fishkin 和 Johnson（1998）所統整的十大類創造力評量工具，可以發現創造力評量的方式眾多，我們不應局限於某一類的評量方式，或是有「某一種測驗是最好的」迷思，因為沒有任何一種測驗可以適用於任何對象與情境。如何改善不同測驗的缺失、選擇適當的使用情境，並配合多種評量方式來使用（如同時使用擴散思考測驗、自陳量表、教師或家長評量等……），才能達到比較有效與可信的評量效果。

四、兼重變異與選擇對創造過程及創造性產品的影響

　　傳統的創造力測驗對於創造性產品只要求「變異」，即只要求是「獨一無二的」或是「新奇的」。但是，誠如 Amabile（1987）所提出的觀點：一個產品若「只是新奇」，並不能被視為創造性產品，它還必須正確、有價值、有用或適切的；而所謂的有價值或有用其實就是「選擇」。從演化論的觀點來看，我們必須同時考慮「變異」與「選擇」兩個條件，才能真正了解創造性產品的演化歷程。所以，任何研究在評估一個產品是否具有創造性時，應該同時考慮「變異」與「選擇」這兩個條件。

　　大致而言，傳統創造力測驗在本質上是擴散性思考測驗，缺乏批判性思考或評價性思考的成分；因此，對於外在效標的預測力不佳，因為真實世界中的創造性產品都是要經過評價的。或許有些人認為「評價」或「批判」的壓力會抑制新奇想法的提出，所以會設法避開「評價」的壓力。但是，從演化的觀點來看，創造性產品必然涉及「變異」和「選擇」兩大類條件；也就是說，創造思考必然涉及擴散思考和批判思考兩大歷程。如何兼顧這兩大類條件並保持

這兩大歷程之間一種「必要的張力」，是創造力理論與評量工具必須解決的問題。因此，批判思考與創造思考並非互相衝突的；在教學中同時培養學生的批判思考與創造思考能力，應有助於學生創造潛能的發展。

▌五、強調創造力產品取向的評量及對創造性產品的評價

如前所述，強調產品取向的評量是近年來創造力評量的改進方向之一。雖然創造性產品的評量在評分者的標準和一致性上常常受到質疑，但是要達到一定程度的可信度還是有可能的。以下就介紹三種近年來熱門的產品評量方法：

㈠共識評量

最近 Amabile（1983, 1996）所提出的「共識評量技巧」（consensual assessment technique, CAT）似乎有愈來愈多人使用，而且其信度與效度也逐漸受到肯定。例如，Hickey（2001）以CAT來評估學童音樂作曲的創造力，結果發現當被博學的評分者團體使用時，CAT 可以具有良好的信度。

CAT的基本假設為：(1)只要有適當的裁判群，對產品創造力做一個可靠的判斷是可能的。(2)創造力有程度之分（即有些產品的創造力多於或少於其他產品）。由於CAT採社會心理學取向，其任務是開放式的，允許變通性以滿足新奇的要求，而且其任務為必須產生清楚與可觀察的反應。因此，CAT 類似創造力的真實世界評量（real-world assessment），為適當的專家在其專長領域之下，依據其主觀標準，對產品的創造力做判斷。

在實施 CAT 時，必須先符合下列需求：

1. 裁判在問題領域下，應已有某些經驗（熟悉該領域，但不一定要在該領域有高創造力的作品）。

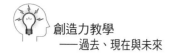
2. 裁判獨立評量。

3. 評分採相對標準，而非絕對標準。

4. 不同裁判評定作品的順序不同，隨機排列。

5. 若裁判未曾進行類似的評量，應被要求先評創造力以外的其他向度，如此可減少其他向度的干擾。

6. 一旦實施 CAT 之評量後應考量：

(1)分析每個向度下，評分者間的信度。

(2)若評數個向度，則應做因素分析，以檢視創造力與其他向度的獨立程度（看區辨效度）。

(3)若產品本身有直接、可辨識的客觀特徵，則這些特徵應被拿來評量其與創造力的相關。

(二)檔案評量

檔案評量（portfolios assessment）也是評量創造力產品的有效方法。所謂檔案（portfolios）是一種經過審慎思考而加以組織的蒐集品；從這當中我們可以看出學生對於相關訊息的使用、組織及思考歷程。這些檔案除了能使教師了解學生創造思考能力發展的情形之外，也是教學有效性的一個重要指標。在使用檔案評量（portfolio assessment）時，通常教師會給學生一個主題，然後要求學生針對此一主題蒐集相關的資料，並加以組織與描述，最後成為一個作品集。此外，教師會有系統地選輯學生在一段學習時間內的代表作品；而這些作品是依學習目標及評量標準而設計的。

檔案或作品可分為下列四種（Farr & Tone, 1998）：

1. 人工作品（artifacts）：學生在學習期間所完成的作品，如計畫報告、圖畫等。

2. 複製品（reproduction）：學生曾經參與的活動之記錄文件，如相簿、錄影帶等。

3. 證明文件（attestations）：能證明學生的表現及進步的外在證據，如同儕評量。

4. 產品（productions）：學生為檔案紀錄所準備的文件，如檔案紀錄目標的敘述文章、凸顯證據價值的圖文說明。

在學生完成作品時，教師應要求學生說明他／她是如何完成此一工作的，並與學生討論如何可以做得更好。在使用此一評量方法時，教師所扮演的角色是「教練」（coach）的角色，即幫助學生將焦點放在主題上、幫助學生了解為何結果不是如預期的，以及下次如何做得更好（Farr & Tone, 1998）。與傳統的創造力評量工具比較，檔案評量具有下列優點 （Farr & Tone, 1998; Tierney, Carter, & Desai, 1991）：

1. 以改進、鼓勵努力和表現成就為焦點。

2. 結合評量和教學。

3. 評量傳統測驗不能反映的學習過程。

4. 允許學生以不同的方式展現所學。

5. 評量工具以宏觀及多元的方法評量。

6. 評量學生的成長過程，而不只是結果。

7. 學生可從事自我評估和訂定目標。

8. 鼓勵學生分析、思考、反省、做總結。

㈢實作評量

實作評量（performance assessment）與檔案評量都是學生讀與寫的統整表現，但實作評量與檔案評量最大的不同點是：實作評量不是學生寫作的蒐集，而是學生對於教師所分配之特定任務的一次反應（one-time response）。實作評量所著重的焦點並非完全由學生選擇或控制，其結果的分析與評分通常是透過一套明確的標準。一般而言，實作評量具有下列特徵（Herman, Aschbacher, & Winters,

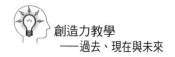

1992）：

1. 要求學生實作、創造或產生作品，而此一實作通常涉及許多複雜技巧的運用。

2. 強調高層次思考及問題解決技巧的使用。

3. 使用能代表有意義教學活動的工作任務（task）。

4. 強調將所學應用於真實世界中的情境。

5. 使用人工評分，而非機器。

6. 教師在教學及評量上的角色必須重新定位。

在發展實作評量的工作任務之前，教師必須思考的問題是：「我希望學生能做到什麼？」也就是預期的表現目標是什麼。一旦給與學生的工作任務確定之後，教師就必須訂定非常明確的評分標準（scoring lubrics）。發展評分標準通常有三個步驟：(1)辨認被評量的向度或變項。(2)決定量尺（scale）數值的範圍。(3)界定每一數值的評分標準（Starko, 1995）。

有時候，從實作評量與檔案評量的過程中，無法很確切地了解學生的思考過程，此時下列方法可作為輔助的方法（O'Tuel & Bullard, 1993）：

1. 在多重步驟的過程中（multistep processes）觀察學生的努力程度，以了解他們是否能適當地完成情境式的測驗。

2. 透過錄影帶、錄音帶或轉錄者進行放聲觀察（think-aloud observations）。

3. 設計一些誘發學生特定思考的線索，並觀察其對此線索的反應。

4. 訪談必須在實作過程完成後，立即實施。

5. 要求學生以口語或寫作方式，對完成工作任務的歷程進行自我報告。

結語

　　Starko（1995）對創造力評量的運用，提出以下的提醒與建議：
⑴評量工具的選用必須配合所使用的創造力定義和評量目標。⑵沒
有任何一項單一的創造力評量工具可以具有足夠的信度和效度，來
決定一個學生的教育機會。⑶熟悉所有可運用的創造力評量工具之
相關訊息。⑷要知道創造力評量（尤其是擴散性思考測驗）會受到
許多因素的影響，如教室類型、時間及指導語等。⑸使用創造力相
關的觀察表或檢核表之老師，必須先學習如何使用這些表格。因
此，在進行創造力教學時，教師必須要對創造力評量的目的、本質
以及各種創造力評量工具的特徵有充分的認知，並能根據教學與評
量目標，慎選或自行發展創造力的評量工具。

　　創造力評量的目的並不是要依照測得的分數將學生分為「有創
造力」與「沒有創造力」，而應在於了解學生創造力的發展情形，
並提供學生最有利的課室學習環境。從心理計量的觀點來看，大部
分的創造力測驗均以認知能力來了解人類的創造力，並以流暢力、
變通力、獨創力及精進力為測驗的核心成分。然而，創造力的產生
必須具備許多能力，而且創造力表現受到許多因素的影響；單純就
流暢力、變通力、獨創力及精進力等指標來看，並無法完全解釋一
個人的創造力。因此，創造力的評量必須多元化（即結合使用不同
的評量工具），乃是必然的發展趨勢。

　　此外，沒有哪一種或哪一類評量工具是最好的，或是有哪一種
評量方式是適用所有情境的。誠如 Hennessey 和 Amabile（1988）
所言：完全依賴一種方法來滿足創造力評量的標準與需求是不可能
的。在進行創造力評量時，比較合理的假設應該是：有些創造力評

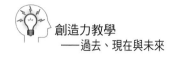

量工具比較適合於某些評量標準的需求（例如擴散性思考測驗可以從大樣本中初步篩選出特殊的資優生），其他工具則比較適合其他的需求（例如態度自陳量表適用於了解學生的創造傾向）。

第十章

創造力教學的發展與未來：
知識經濟、科技、神經科學
與創造力

最終，經濟版圖並不在科技裡，
亦非在晶片，或是在全球電訊網路，
而是在人的思想疆界中。
— 經濟學家 *Alan Webber* —

壹 知識經濟與創造力

一、知識經濟與創造力的關係

人類現在正面臨「第三次產業革命」，即一個以「腦力」決勝負的「知識經濟時代」。經濟學家 Lester Thurow 於 2000 年應邀來台灣演講時指出：創意是知識經濟成功的祕訣，因此必須致力於人才的培育、獎勵創意，並提供研發的方向。因此，創造力造就了知識經濟的快速發展，而知識經濟則強化了創造力培育的重要性。

在這個知識經濟的時代，創造力不但是社會發展的動力，也是

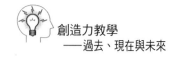

個人成功的必要條件。大家都知道，微軟的總裁比爾蓋茲是一位非常成功的創業家，當有人問他成功的最重要條件是什麼時，他回答說：「現代人要成功，最重要的是創造力及永不服輸的毅力。」不約而同地，台灣成功的年輕創業家——雅虎的楊志遠——同樣也認為成功的祕訣是「獨創力以及不斷地努力」，獨創力是創造力展現的最重要指標之一，而永不服輸的毅力和不斷的努力均強調「堅毅」的人格特質，而這樣的人格特質也是高創造力者共同的特徵；可見，創造力對於個人成功的重要性。

二、知識的創造、管理與創造力

在不確定的經濟體系中，唯一能確定的事就是：持續確保競爭優勢的根源在於知識。例如，日本企業本田、松下、佳能等之所以能夠成功，在於他們有管理創造新知識的獨特方法。這些公司的經理人了解，創造新知識不只是機械性地處理客觀的資訊，更要能掌握住員工隱微的且往往是高度主觀性的見解、直覺和理想，而運用這些知識的方法往往是透過口號、隱喻、象徵等技巧（Drucker, 1998/2000）。口號、隱喻、象徵等技巧都是發展創造力的重要技巧；因此，知識的管理與創造力有密切的關係。

管理大師 Peter Drucker（1998/2000）認為，對知識創造的企業而言，理想和想法是一樣重要的。創新的本質就是根據特定的願景或理想來創造世界；因此，創造新知識的個人和組織都必須不斷地更新其知識，好讓組織內的每個人都能脫胎換骨。在知識創造的組織裡，發明新知識不僅限於研究發展；它是一種行為模式，更是一種存在狀態，而在此狀態中，每個人都是知識工作者，人人都是創業家。

因此，企業中的知識創造給我們的啟示是：創造力教學應該要有特定的願景，而且在學校的組織裡，每位老師與學生都應該是知

識工作者，人人也都應該是創造者。《創造力教育白皮書》已為我們勾勒出清楚的願景；其中，在個人層面強調以個體知識為基礎、以關懷生命為前提，期能活化全民的創造力潛能、提昇解決問題能力、發展多元技能，從而開創豐富多元的自我價值。在學校層面，則強調以經營創新的學習環境與活潑的教學氛圍為主體工程，提昇教育視野、發展各校特色；讓包容與想像力無限延伸，營造尊重差異、欣賞創造之多元教育學習環境。因此，只要能有效創造與管理知識，一定可以達到這些願景。然而，如何有效創造與管理知識呢？

知識可分為外顯知識與內隱知識（O'Keeffe, 1998/1999）。外顯知識是有條理與系統化的知識，所以很容易傳播與分享；例如，科學方程式或電腦程式。內隱知識是高度個人化的，很難將它公式化，因此不易傳授給他人；例如，五星級飯店的廚師所擁有的知識。內隱知識來自於個人經驗的累積，包含洞識、理解與技術性技巧，而這些技術性技巧通常是難以言傳的"know-how"技能。大廚師累積多年的經驗，逐漸發展出一套豐富的專業知識和手藝，但卻往往無法清楚表達出他所知道的技術原則與過程為何。透過知識的交流與分享，不但有助於此類內隱知識的傳遞，也有助於知識的創新。知識的傳遞有四種可能性：(1)從內隱到內隱。(2)從內隱到外顯。(3)從外顯到外顯。(4)從外顯到內隱。而這四種知識的建立，可透過哪些教學活動的進行以促進學生的創造力，在第八章已有敘述，在此不再贅述。筆者在這裡要特別強調的是「學習型組織」的概念。透過學習型組織的建立，可以有效營造創造力的氛圍和提昇創造力教學的效果。

何謂學習型組織？Drucker（1998/2000）認為學習型組織乃「擅長創造、取得、傳遞知識，並且配合這些新知識和見解而改變行為」（頁55）。從這個定義中我們可以清楚看出，新想法對學習

是很重要的，但是單靠新想法並不能建立學習型組織；如果沒有配合工作方式的調整，新想法就只是創造了改變的可能性，而不能造成真正的改變。在學習型組織裡，人們會持續提昇其達到目標的能力、孕育廣泛的新思考模式，以及持續學習如何學習。Perter Senge（1994）在《第五項修練》（*The fifth Discipline*）一書中指出，要達到這些目標，必須進行下列五項「學習修練」：⑴系統思考（systematic thinking）。⑵個人精熟（personal mastery）。⑶心智模式（mental model）。⑷共同願景（shared vision）。⑸團隊學習（team learning）。

因此，要有效促進創造力教學，學校的組織氛圍、教師的專業知能，以及學生的個人知能同等重要，如何透過 Senge 所說的五項修練，使得學校、教師以及學生三者都能形成學習型組織，是學校領導者和教師應深思的問題和勇於面對的挑戰。

貳 科技與創造力

一、高科技時代中創造力的角色

目前除了是一個知識經濟的時代，也是一個科技掛帥的時代。全球資訊科技的快速發展，不但造就了地球村的概念，更改變了人類許多的生活與思維方式，許多人因而以為電腦可以取代人腦，但若有這樣的想法就大錯特錯了。誠如經濟學家 Alan Webber 所言：「最終，經濟版圖並不在科技裡，亦非在晶片，或是在全球電訊網路，而是在人的思想疆界中。」《大趨勢》的作者 John Naisbitt 在《高科技、高思維》一書中也提醒我們必須對科技有清楚的認知，才能清晰評估科技存在的價值，並且與之建立正確的關係，否則就

會有高科技上癮的症狀。這些症狀包括：(1)從宗教到營養，寧取簡易方案，速戰速決。(2)恐懼科技、崇拜科技。(3)不太能分辨真實與虛幻。(4)視暴力為正常現象。(5)把科技當玩具玩。(6)生活變得疏離冷淡（Naisbitt & Phiplips, 1999/2000）。而要克服這些科技上癮的症狀，便必須要具有高思維。

何謂「高思維」？它是一種態度：歡迎保留人性的科技，而排斥侵犯人性的科技；即承認科技是人類文化進步不可或缺的一部分，是人類創意的產物，但也認為藝術、宗教等都是科技進化中的夥伴，因為他們滋養靈魂、滿足渴望。此外，「高思維」知道如何善用科技，以改善人類生活，並能有意識地選擇與使用科技，以增進人生價值（Naisbitt & Phiplips, 1999/2000）。因此，人腦才是主宰人類文明進步的關鍵，而創造力又是人類珍貴的資產。以下就舉一個例子說明人腦勝於電腦的事實：

> NEC 在日本當地的工廠，已逐漸以作業員取代生產線機器。因為他們發現人的彈性與智慧，使他們在處理變化事件時更有效率。例如，組裝一台新型的行動電話，作業員在做滿 8,000 台後就可以達到效率目標，但機器卻要做出 64,000 台後才能達到，而且在達到效率高峰後，人工的生產力仍比機器高出 45%。這樣的組織革新，也使得NEC機器汰換所需的成本由九百五十萬美元降至一百至兩百萬美元。

此外，為鼓勵科技的創新，德國每年會頒發「未來獎」（Der Deutsche Zukunftspreis）（又稱為聯邦總統科技創新獎，Preis des Bundesprasidenten fuer Technik und Innovation）給科學研究傑出的研究團隊。這個獎項與其他科學獎項的最大不同之處在於它不僅獎勵

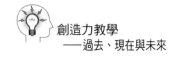

科技的創新，更重要的是，要獎勵能夠促進經濟成長與創造就業機會的科技創新。希望透過這個獎項的頒發，來提醒德國社會大眾在德國本土的傑出科技創新研究與經濟繁榮之間的密切關係。這個獎項並非自由報名參加，而是必須透過德國十六所學術研究單位與工商企業組織來提名推薦的。

而台灣從小學至大學除了每年都有舉辦科學競賽外，教育部顧問室更在 2002 年編列六千萬元經費來推動「創造力教育中程發展計畫」，其中包含六個行動方案，而「創意學子栽植列車」為其中的一個行動方案（教育部，2002）。此外，九年一貫課程乃最近中小學教育最重大的改革；其中包括十大基本能力與七大學習領域。在十大基本能力中的「欣賞、表現與創新」即與創造力有明顯的直接關係，而七大學習領域中的「自然與生活科技」則與中小學學生的科技創造力有密切的相關。

因此，培育學生的創造力（尤其是科技創造力），可謂是在此以知識經濟與高科技領軍的世紀中，最重要的教育目標之一。

二、網路學習與創造力教學

隨著科技的發展與電腦的普及，教學也產生了巨大的變革，而其中最明顯的莫過於網路學習的運用。以下就網路學習、網路學習社群以及其與創造力教學的關係做一介紹。

(一)何謂網路學習

網路學習（e-Learning）是利用網際網路及資訊科技為工具的一種學習模式。由於傳統的課堂學習有其時間及空間上的限制，使得學習擴散效果有限，再加上資源的分配不均，造成有心學習者常因經費及距離的因素，而無法得到學習的資源（Schank, 2002）。近年來，網際網路的技術發展快速，已經可以快速地將各種資訊傳遞到

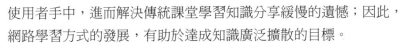

使用者手中，進而解決傳統課堂學習知識分享緩慢的遺憾；因此，網路學習方式的發展，有助於達成知識廣泛擴散的目標。

　　網路學習有同步活動（synchronous activity）和非同步活動（asynchronous activity）之分。同步活動是指多人同時在電腦網路上進行溝通；例如用視訊會議（video conferencing）的方式，讓網路上的使用者可以同時看到畫面與聽到聲音。如果這些同步活動是用來學習知識，則可稱之為同步學習（synchronous learning）。非同步活動是指多人間的溝通活動不是在同一個時間內發生，訊息是被存放在指定的電腦上（稱為伺服器，server），使用者可於任何時間、任何地方到指定的電腦上看到或聽到訊息；例如，透過網路上的討論區（論壇，forum），使用者可以有空時再上網閱讀他人的意見或發表意見。如果這些非同步活動是用來學習知識，則可稱之為非同步學習（asynchronous learning），這種學習也被稱之為任何地點／時間的學習（anywhere/anytime learning）；從此一名稱可明顯看出非同步學習的主要特性（邱貴發，1998）。

　　傳統教育中學生知識來源管道較為閉塞，教師、圖書館是學生能獲得知識的主要來源。在網路環境中，學生可以獲得無窮的資源來擴充學習管道，網路上的學習更鼓勵學生主動建構自己的知識，並走向多元化的學習方式。因此，隨著網路學習環境的來臨，將會造成以下的學習變革：(1)學習場所由教室變成網路。(2)學習者由被動化為主動。(3)教師由教學者變成引導者。(4)教學活動強調合作學習。(5)教材內容由靜態轉向動態（鍾宜智，2001）。

　　以往教材修訂速度緩慢，在知識激增的網路環境中，勢必無法趕上資訊化的腳步。知識、教材內容不斷地更新，活化課程內容變得非常重要，而透過多媒體的運用，教材的呈現方式亦漸趨向生動活潑及多樣化；因此，教材由靜態轉向動態已是未來學習的重要變革之一。根據教育部網路學習推動委員會大專院校組 2001 年 12 月

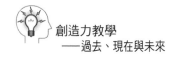

創造力教學
——過去、現在與未來

訪視報告摘錄，目前高等教育正朝向網路學習（e-Learning）的發展趨勢進行，以提昇學習的效果及成本，讓每一個學習者可以「處處可學習」（learning every where）及「時時可學習」（learning every time）。因此，未來電子化學習的環境必須具有下列特質：

1. 具可重複使用性（reusable）：在各個平台上，網路教材皆可以被重複使用。
2. 具可得性（accessible）：可隨時隨地取得網路教材之內容；使用者可以利用任何電子載具來取得網路教材。
3. 具恆久性（durable）：在網路技術不斷地更新之際，網路教材與其搭配的系統不需重新修改，如此的教材結構才能傳之久遠。
4. 具互用性（interoperable）：網路教材可以在不同的平台上被操作（開發、修訂、使用、互動等）。
5. 具可適性（adaptable）：依使用者不同之能力，可以提供適當及彈性的網路學習教材。
6. 具可負擔性（affordable）：所提供的學習環境及內容必須是使用者在經濟上可以負擔的。

總之，網際網路對於教育的影響，在於它能打破時空的障礙、學習者可以主控自己的學習時間、可以選擇自己較能理解的教材、可以調整自己的學習速度。如果網路學習能提供高品質的教材和高品質的討論區，並結合課堂上的教學與討論，網路學習的效果可以是相當顯著的。

（二）何謂網路學習社群

社群（community）的建立是指創造一種歸屬、繼續，或與他人的觀點與價值觀產生關聯的感覺（Sergiovanni, 1994）。因此，學習社群（learning community）意指能鼓勵社群成員互相交流以支持

其個人或團體學習的環境（Woolley & Ludwig-Hardman, 2000），而網路學習社群則有助於提供合作學習的機制以達成分享的創造（shared creation）與分享的理解（shared understanding）。

許多學者（Woolley & Ludwig-Hardman, 2000; Reeves, 1997; Sherry, 1998）指出，網路／線上學習社群的有如下好處：

1. 允許學生和教師從互相結合的經驗中，共同創造知識。
2. 使學習者為達成小組目標負責，因而互相幫助和評估每一個人的學習狀況。
3. 鼓勵學習者從多重角度評估複雜的議題，並基於他人的觀點來改變自己的觀點。
4. 提供學習者機會反思自己的學習經驗和別人的觀點。
5. 示範意義和實體是經由社會互動所建構的；學習者可以在與社群成員交換意見、訊息和感覺時學會妥協。
6. 透過提昇學生的學習動機、同儕支持和溝通，以及對完成工作的承諾，可以改善學生的學習效果。

至於線上學習社群是如何形成的？ Brown（2001）認為建立社群的三個層次為：

1. 在線上結識朋友（make on-line acquaintances）：主要是透過尋找共同性、符合需求、付出時間、自我評估、支持性的互動等建立關係。
2. 社群成員授與（community conferment）：此乃經由線上討論，由許多學生共同指定為類似會員的方式，主要是基於互相信賴與尊重以及用心地投入參與。
3. 成為同志（camaraderie）：此乃經由長期的和／或個人互動所形成的。

張基成、傅心怡（2003）則認為網路學習社群形成的要件為：成員必須主動積極參與；要有線上討論的機制以及群體相互研究、

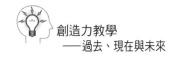
小組作業、合作解決問題的活動。此外，Hann、Glowacki-Dudka和
Conceicao-Runlee（2000）指出促使線上學習社群形成的活動有：線
上討論、個人或群體研究；小組作業或專題報告；合作問題解決；
案例研究或個案探討等活動。Jonassen、Peck 和 Wilson（1999）也
提到透過溝通、成員異質性、分享的文化、適應與改造（adapta-
tion）、對話（dialogue）、資訊存取等活動或行為，可以加速學習
社群的形成與建立。可見，就線上學習社群的形成與學習成效而
言，「線上討論」扮演關鍵性的角色。

　　至於哪些因素會影響線上討論的成效，Palloff 和 Pratt（1999）
指出，線上學習社群的是否形成應視線上討論是否足夠而定，其中
與線上討論相關的因素包括：(1)人際間、人與社群學習內容間的主
動參與和互動。(2)學習者間的合作學習與問題解決。(3)透過線上討
論中的詢問與回應所產生的社會建構意義。(4)學習者之間的知識分
享與資訊交換。Collison 等（2000）則認為影響線上討論與分享的
因素包括：(1)參與者定期分享意見。(2)參與者誠實發表見解。(3)同
儕成員間有明顯的互動合作與相互學習教導，例如小組自治討論社
群（small learner-facilitate discussion group）等 特 性。此 外，
Kearsley（2000）認為透過電腦資料庫與網路科技的輔助，資訊與
知識分享可以更容易達成；而這些支援互動的科技中與線上討論相
關的有：電子郵件、群體郵件（listserv）、討論區、聊天室（chat
room）、影音會議（video conference）。

　　可見，線上討論區可以說是網路學習社群的核心元件，而線上
討論可以說是學習社群能否快速建立與達到學習成效的關鍵因素。
從上述不同學者對線上／網路學習社群的看法中，也可看出合作學
習是線上／網路學習社群成功建立的要素。因此，網路學習社群不
是天然形成，是需要透過人為表現使其形成與建立的，因而教師的
引導扮演重要的角色。

㈢網路學習、網路學習社群與創造力教學

　　網路的普及再加上網路技術的成熟，逐漸改變了教學模式，也提供了教育發展一個成長的動力與契機。由於網路上的資源十分豐富以及多元，要如何掌握目前網路科技的優勢，解決過去創造力教學因時間和空間的限制所產生的問題，並提昇創造力教學的效果，已經成為近年來創造力教學的新趨勢與課題。下面介紹兩個將網路學習與創造力教學結合的成功課程／教學設計案例。

　　第一個成功的案例是「創造力和科技融入」（creativity and the emerging technologies）課程。在「創造力和科技融入」一課程中，Harbach（2003）嘗試使用科技和網際網路以促進創造力；在討論中他發現，雖然這是一個以網路為基礎的課程（web-based course），學生也能獲得以新科技和軟體操作的經驗，並透過這些網際網路科技產生了極具創意的計畫成果。這些網際網路科技鼓勵學生進行藝術家／創作者和聽眾／使用者間的互動、介面設計、創意地使用時間和空間，同時讓學生有機會接觸與探索多門藝術、創造理論和兩難問題。因此，「創造力和科技融入」是一種跨多重學門的教學方法，它涵蓋與統整了音樂、溝通、藝術、電影、戲劇、舞蹈和虛擬空間與教室內使用的科技。近幾年，「創造力和科技融入」已經成為威斯康辛─史蒂芬大學精緻藝術學院（The College of Fine Arts at the University of Wisconsin-Stevens Point）很熱門的一門課。此課程每一週都會呈現新的挑戰，鼓勵學生從不同角度思考，以促進其創造力。經過對主題的討論，學生們逐漸發現創造力是可以培養與促進的，因而對自己的創造潛能產生了信心。

　　第二個成功的案例是「電腦支持合作學習」（the computer supported collaborative learning, CSCL）教學設計。CSCL已經為學習掀起一股革新的浪潮（Ma, 2004）。許多研究（Arias, Eden, Fisher,

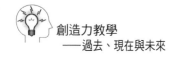
Gorman, & Scharff, 2000; Van, Yip, & Vera, 1999）發現：CSCL 能有效促進社會創造力。CSCL 著重於將科技視為合作教學的一種中介的工具（Koschmann, 1996）；換句話說，它著重於如何透過科技的支援進行合作學習（collaborative learning），以促進同儕互動、群組合作，以及合作學習和科技如何促進社群成員知識和專業的分享（Lipponen, 2003）。

Lipponen（2003）進一步詮釋 CSCL 可以促進學習的機制如下：

1. 透過破除時空的限制，以消除教育過程中表面和暫時的學習障礙。
2. 使用非同步的延緩溝通，允許學生在互動過程中有更多的反思時間。
3. 透過寫作的思考可見性（thinking visible），有助於學生反思自己和他人的想法以及分享專業知識。
4. 透過分享的討論空間和互動，提供更多機會讓具備不同知識和能力的學生從多重角度分享知識。
5. 資料庫的使用成為學習社群的集體記憶（collective memory）；它可儲存知識建構過程，方便日後的修正與使用。

從上述兩個成功的案例，我們可以發現透過網路學習（尤其是網路社群），能有效促進學生的創造力。合作學習是促進創造力的有效方法，也是網路社群最強調的核心概念；因此，合作學習可能影響網路社群的形成，進而影響創造力。下面提出十點建議，以作為將網路學習融入創造力教學的參考：

1. 資料管理系統：課程和學習的相關資料可貼在網路教學平台上，以方便學生資料的取得。
2. 合作的任務：合作的任務可以是小組作業、專題報告、案例研究等，例如要求小組學生應用繪圖軟體設計一個創意廣

告。因此，合作任務的達成，有助於學習社群的快速形成與互動。

3. 溝通工具：溝通工具可能包括同步與非同步的，如線上討論、群組討論、主題討論、影音互動、影音會議、聊天室等。但一般而言，用得比較多的是非同步的溝通工具。非同步工具是促進社會互動的有效工具（Mulder, Swaak, & Kessels, 2002），它有助於學生分享文件資料和進行同儕的反思和複習。因此，討論版的建立和學習社群的形成是必要的。學生透過討論版表達與修正其概念和想法，並與同儕不斷互動，有助於促進其創造力。

4. 多樣化的問題解決情境：現代傳播科技鼓勵學生提問、尋找答案和解決衝突；欲透過現代傳播科技促進創造力，教育環境必須盡可能提供豐富與多樣化的情境，其中應包含各種衝突與緊張，而且必須要求創意的問題解決，這樣才能提供學生機會做抉擇，感受到創意的優點（Cudowska, Gornikiewicz, & Laskowski, 2000）。

5. 線上討論：線上討論可以提供更寬廣觀點、激發更多想法、交換更多訊息、增進創造思考的技巧與知識等。此外，線上討論不僅延伸了學習的時間與空間，也彌補了課堂上討論時間及討論機會的不足，能夠促使學生之間有更頻繁的互動，以達到較佳的合作學習效果。此外，若能設定多樣化的問題解決情境之主題討論，可以有效增進學生的創造力。

6. 同步的網路腦力激盪會議：腦力激盪是促進創造力學習的有效方法之一；透過同步的網路腦力激盪會議可消除時空的限制（Stenmark, 1999）。

7. 學習社群：促使線上學習社群形成的活動有線上討論、個人或群體研究、小組作業或專題報告、合作問題解決、案例研

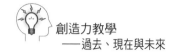

究或個案探討等活動（Hann et al., 2000）。葉玉珠（2005）的研究發現透過線上主題討論、小組作業及專題報告等作業，能強化學習社群的建立，進而提昇學生高層次思考的知能。

8. 引導式練習：精熟經驗是提昇自我效能最有效的方法（Bandura, 1995），而精熟經驗可透過引導式練習有效達成；因此，教師必須設計系統化的、漸進的練習題或作業，並要求學生進行線上討論與互動，以使學生能精熟創造力的技巧，進而提昇其自我效能。但在引導練習期間，教師必須能給與適當的回饋。

9. 同儕評量工具：線上同儕評量工具的使用有助於促進深層學習（Brindley & Scoffield, 1998; Davies, 1999），但是同儕與教師必須給與立即性的回饋。

10. 觀摩與學習：小組及個人的線上作業與報告可開放給學生瀏覽，以達到觀摩與學習的效果。線上作業的分享與觀摩學習的優點在於：觀他人解己惑、分享同學的報告與成果。此外，上網閱讀其他小組的作業，對學生正在著手進行的作業時有所幫助，因為他們多了一個互相交換學習經驗的園地。過去的學生比較沒有機會可以如此大方地觀摩、參考他人的作業；在網路教學中，學生可透過教學網路平台彼此觀摩學習，再構思自己後續作業要如何呈現，此一過程是一種進步的循環，也是一種良善的循環。

此外，網路學習之課程的設計需要考慮到教學呈現的材料與成功的互動經驗。為了確保學生能參與並融入課程，學生之動機與活動的安排也是重要的課題。另外，要考慮到網路學習的主要特徵——學習的彈性，即任何時間、任何地點都可以學，以及學習者能控制自己學習的步調、所花費時間與欲學習的深度；非同步網路學

習不但可以滿足此一特點，而且能提昇深度的反省思考，這樣的能
力對於創造力的提昇而言是必要的。

參 神經科學與創造力

一、神經科學與教育及心理領域的整合趨勢

在過去十年中，神經科學與許多領域（如心理、教育、資訊科
學）迅速整合，無論在教育現場、學術研究機構或是政府當局，都
愈來愈重視此跨領域的整合，這樣的整合趨勢將成為未來學術界的
主流。

附屬於聯合國之下的「世界經濟合作與發展組織」（The Organ-
isation for Economic Co-operation and Development, OECD）在 1999
年開始推動跨國性的「學習科學與大腦研究」（learning science and
brain research）。該計畫結合美洲、歐洲、亞洲十八個國家許多重
要研究機構之專家學者，從「讀寫」（literacy）、「數學」（num-
eracy）及「生活圈」（life-circle）三大面向切入，針對教育的議題
進行跨領域之深入研究。截至目前為止，該計畫已經累積了相當豐
富的研究成果，並且編撰了大腦簡介、認知神經科學研究工具等入
門工作手冊，為跨領域的對話提供了重要的基礎。

除了 OECD 一跨國研究計畫之外，各國的研究團隊也紛紛投入
神經科學的整合工作，如哈佛大學教授 Kurt Fischer 成立了「國際
心智、大腦與教育學會」（International Mind, Brain, and Education
Society）。該學會的主要目標為：促進心智、大腦與教育相關領域
間之交流與合作，並發展與提供相關研究與應用上的資源；其成員
包含了來自達次茅斯學院（Dartmouth Collage）、德國烏恩大學

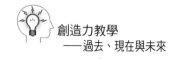
（University of Ulm）、史丹佛大學（Stanford University）等多位目前在心智、大腦與教育整合工作上的主要研究人員。此外，日本東京大學教授小泉英明也結合了神經科學、教育學、心理學、語言學、人類學、社會學、醫學、資訊科學等不同的研究領域，主持了「大腦科學與教育計畫」（the brain science and education）。該計畫主要之研究議題包括：影響學習的基因與環境因素、學習的基本神經生理機制、學習的關鍵期與敏感期、記憶、創造力、同情心與服務心的機制與其發展、語言學習的增進、道德與責任感教育等。

　　反觀國內，雖然前教育部長曾志朗以及洪蘭教授很早即開始強調此一整合工作的趨勢與重要性，但到目前為止，真正進行推動的研究機構或單位卻非常少，而將神經科學應用到創造力的研究者更是幾乎沒有。目前在國外，雖然已有少數的研究者將神經科學與創造力的研究結合，而且也提供創造過程一些生理上的證據，但仍有很大的發展空間。因此，如何結合神經科學與心理及教育方面的研究人才，進行創造力的深度研究，以提供創造力教學更為具體的方法與建議，將是未來研究創造力者應努力的方向。

二、神經科學與測量儀器

　　神經科學是包括神經學、解剖學、生理學、生物化學等多元領域的一門科學；神經科學的興起，使得研究者對於人類生理上的行為反應或是心理上情緒的運作，能提出實證性的解釋。人類的神經系統（nervous system）是內部的溝通網路，讓人們能適應內在與外在環境的改變，並產生不同的生理或心理上的反應；從可觀察到的行為（如行走、微笑）到心理內部反應（如情緒、記憶），均與神經系統有密切關係；可見，神經系統在人類的心靈運作上有著舉足輕重的地位。神經系統的運作過程，首先是環境中的刺激輸入感覺器官，經由感覺神經的傳遞，由中樞神經處理後，再輸出適當的動

作反應（楊錦潭、段維新，2001）。

學習會造成腦部結構的改變；具體的證據為在大腦皮質、海馬迴和小腦結構上的改變。在學習過程中，我們可以發現這些腦部結構上神經膠質細胞增加了、神經元樹狀突的分枝變得更複雜，以及突觸結構產生了變化。又如：左大腦受傷的兒童，當其語言功能受到損傷時，可能會在右大腦很快地轉移並重新建立語言的功能。這些證據顯示了腦部神經的可塑性（楊錦潭、段維新，2001）。

目前，神經科學研究常用的測量儀器包括功能性磁振造影（functional magnetic resonance imaging, FMRI）、磁振造影（magnetic resonance imaging, MRI）、正子造影（positron emission tomography, PET）、電腦斷層掃瞄（computerized tomography, CT）、腦電圖（electroencephalography, EEG）、腦磁波（magnetoencephalography, MEG）、單光子電腦斷層造影（single photon emission computed tomography, SPECT）、近紅外光光譜儀（near-infra-red spectroscopy, NIRS）（楊錦潭、段維新，2001；Carter, 1998/2002）。

三、神經科學與創造力

㈠神經科學與創造力的神祕面紗

近年來，神經科學在功能性磁振造影、正子造影等先進儀器的輔助之下，得以對人類腦部的運作有了更清晰的了解，因此提供了過去在教育與心理領域無法明確解釋的現象一些實際證據。

Bora 和 Alper（2005）認為藝術和創造力是腦部的產物，神經科學快速和持續的發展，使得我們有可能了解藝術和創造力的神經元相關因素，而我們對於視覺訊息處理和音樂神經科學的知識，則有助於我們了解產生藝術產品的神經元結構（neuronal architecture）。例如，他們發現額顳葉痴呆症（frontotemporal dementia）患者還是

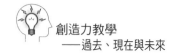
有可能發展藝術創造力。額顳葉痴呆症主要是因為大腦局部退化而引起的，而其腦部退化集中於額葉和顳葉兩部分。在病發初期，記憶問題常常並不明顯。但在後期，患者會出現明顯的記憶和行為問題，例如：失控、漠視規則、固執、暴躁等行為。因此，神經科學是有潛能可以揭開創造力的神祕面紗。

雖然神經科學應用在創造力領域的研究上不多見，但已有一些學者進行了相關的研究。下面就針對兩個問題：創造力是如何產生的？以及創造力是右腦活動還是全腦活動？從神經科學的角度做一些理論與實證研究的舉例說明。

㈡神經科學與創造力的產生

為何會產生或促進創造思考，似乎可從腦神經科學的實證研究得到一些解答。例如，許多研究者（Isen, 1990, 1999, 2002; Isen, Daubman, & Nowicki, 1987; Isen, Johnson, Mertz, & Robinson, 1985; Murray, Sujan, Hirt, & Sujan, 1999）探討情緒與創造力的關係，他們發現處於正向情緒的個體比處於其他情緒的個體，能產出更多元的資訊、更多樣化的聯想，因而進一步增強個體的變通能力。若由神經生理的角度來看，正向的情緒會增加腦中多巴胺的活動（dopamine levels）；多巴胺釋放於前舌面能促進認知的彈性化和認知觀點選擇的精進。這個理論解釋了正向情緒在嗅覺、長期記憶和工作記憶強化，以及創造性問題解決等的影響（Ashby, Isen, & Turken, 1999）。

另外，Dietrich（2004）指出，近年來在認知神經科學的進步已經證實了特定的腦部迴路（brain circuits）與特定的腦部高層次功能有關，但這樣的發現似乎尚未被運用到創造力的研究。Dietrich 認為創造力的洞見（insights）為神經迴路所中介，而此洞見通常產生於意識層次；因此，在產生創造力的洞見時，這些神經迴路會中止

於前額葉皮質（prefrontal cortex）。當創造力是一種刻意的控制，而非即席的反應時，前額葉皮質會促發創造歷程。然而，不論是刻意或即席的創意，都會引發與情緒及認知分析有關的神經計算（neural computation），最後導致創意的產生。

㈢神經科學與創造力的右腦對全腦爭議

過去大多數的學者與研究者認為創造力是屬於右腦的思考，但也有一些學者認為創造力的展現必須是全腦思考。究竟真相為何？下面就舉一些神經科學相關的研究來回答此一問題。

Derryberry 和 Tucker（1994）提出趨向動機狀態會透過活化右腦系統，而促進創造力；右腦系統能拓廣概念注意的廣度，並允許創新解決方法和所需資料的提取。Friedman 和 Forster（2005）的研究發現也支持此一想法，即動機線索對創意產生的影響是受到右腦活化的中介。此外，Weinstein 和 Graves（2002）以 60 個大學生為對象的研究也發現，高創造力者與右腦活動顯著相關。

Kurup、Kumar、Kurup（2003）的研究也較傾向支持創造力與右腦活動有較強烈的相關。他們認為人類的下視丘會產生一種細胞膜 Na+-K+ ATPase 抑制物——毛地黃（digoxin），毛地黃會調節神經元的傳導。Kurup 等人（2003）以高創造力者和低創造力者為對象的研究發現，高創造力者會增加毛地黃的統整、降低細胞膜 Na+-K+ ATPase 活動，而此型態與右腦強勢有顯著相關。低創造力者則會增加細胞膜 Na+-K+ ATPase 活動、降低毛地黃的統整，而此型態與左腦強勢有顯著相關。研究中也發現左右腦的化學強勢（chemical dominance）和下視丘的毛地黃能夠調節創造力的意向。

然而，似乎有較多的研究發現支持創造力的過程是一種全腦的活動。Chavez、Graff-Guerrero、Garcia-Reyna、Vaugier 和 Cruz-Fuentes（2004）以單光子電腦斷層造影（single photon emission com-

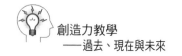

puterized tomography, SPECT）和動態統計參數圖譜（statistical para-
metric mapping）探討拓弄思圖形和語文創造力（Torrance Tests of
Creative Thinking）的分數與腦血流流量（cerebral blood flow）的關
係。他們以 100 位健康的成人為研究對象，其中有 40%是已經頗有
成就的藝術家、研究者、作家和作曲家，而且這些研究對象正處於
事業的高峰，並曾經在其專業領域中獲得國內與國際獎項。研究結
果發現，參與者的創造力分數和右邊的中央溝前回（precentral
gyrus）以及布羅德曼第 6 區（Brodmann area 6）有顯著相關。中央
溝前回是動作的直接執行啟動區，當動作計畫完成後，即由它開始
發動運動命令；布羅德曼第 6 區則為運動區。研究中也發現，雖然
創造力活動與右腦相關，但也與左腦相關；因此，創造力活動應同
時涉及左腦與右腦的活化。

　　此外，Bekhtereva、Dan'ko、Starchenko、Pakhomov 和 Med-
vedev（2001）以 13 個 20 至 24 歲的成人為研究對象，並以腦波儀
（electroencephalography, EEG）和正子造影（positron emission tom-
ography）測量腦血流流量（cerebral blood flow）；研究結果發現，
創造力表現和兩半腦的交互應用是相關的。同樣地，Carlsson、
Wendt、Risberg（2000）的研究也支持創造力同時涉及左腦與右腦
的活動。

　　有趣的是，當創造力任務有所不同時，使用左腦或右腦的情形
似乎又有所差異。例如 Bekhtereva 等（2000）以 16 個健康的男人
（18-28 歲）為研究對象，以正子造影（postiron emission tomogra-
phy scans）以及四項語文創造力測驗（包括觀點的產生、語意連
結、獨創力、語意處理）為工具，結果發現在完成這些測驗作業的
過程中，左腦與右腦的前額葉皮質區（prefrontal cortical area）均被
使用到。但研究中也發現在進行創造思考時，左前額葉（frontal
lobe）有較多活動，但在較困難的創造過程中會使用較多的右前額

葉區。

肆 結語

　　知識經濟的發展乃利用知識創造競爭優勢，而且科技的發展並非在取代人類的智慧與創意，而是在幫助人類將其智慧與創意發揮至極致。在知識經濟的時代中，每位教師與學生都應該是知識工作者，也是創造者。學習型組織的建立是有效促進知識擴散與分享的方法，如何透過Perter Senge（1994）所言的五項修練，緊密結合學校、教師以及學生，以創造有效的學習型組織，是未來創造力教學應努力的目標之一。

　　而未來創造力教學應努力的目標之二是如何將科技與創造力教學結合。除了強化學生的科技創造力之外，結合網路學習來進行創造力教學將是一個新趨勢。網路學習的魅力不但來自於它提供一個不同於過去的學習模式與型態，更在於它提供未來教育發展與研究的一個無限想像空間。雖然網路教學的效果仍然在持續地被實驗與修正當中，而且目前運用網路學習來促進學生創造力的研究尚不多見，但教育實務者與教育學者可嘗試和研究如何將網路學習融入創造力教學之中，以活化教學活動並增進創造力教學的效果。

　　Garcia（2002）認為網路學習有三個主要成分：(1)人（people）：教師和學生在合作的脈絡下進行學習活動。(2)教育過程（educational process）：即教學環境，包括資源、溝通、內容、目標和活動。(3)技術支援（technologial support）：支持人和教育過程。因此，人、教育過程、技術支援這三種成分，必須要以創意的方式組合，才能採取有意義的行動和產生良好的結果。換句話說，網路學習融入創造力教學，要能成功地促進學生的創造力，必須要有學

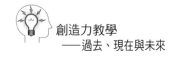

生、教師、教學環境及技術支援等多方面的配合，而不是老師一人所能成就的。然而，有創意和具有多重技巧的人才能有效操作網路學習的產品和工具；換句話說，使用網際網路的人不但是使用者，更應該是創造者。因此，老師本身具有一定的網路使用技巧和創意是必要的條件，所以進行創造力教學的教師必須具備教學科技的相關知能。

最後，創造力教學的新趨勢，也是創造力研究者應努力的目標是：如何結合神經科學的理論與研究方法，對創造思考的過程，進行更深入的探討，以提供現場的教育工作者具體明確的建議。內隱知識與洞見的形成過程往往是研究創造力者最感興趣，也是最難以解答的問題；透過結合神經科學的研究，或許可以得到一些線索與答案。此外，從許多神經科學的實證研究中發現，在學習的過程中，神經膠質細胞會增加、神經元樹狀突的分枝變得更複雜、突觸結構也會產生改變；亦即，腦部神經是具有可塑性的。因此，如何活化神經元並強化神經網路的連結，是創造力教學可以努力的目標。總之，神經科學的研究，除了有助於揭開創造力的神祕面紗之外，更為創造力的研究開啟了一扇窗。

參考文獻

王有福（2002）。**創作性戲劇教學對國小四年級學童創造力影響之研究**。國立台北師範學院課程與教育研究所未出版之碩士論文，台北。

王貴春（2000）。**STS 教學與國小學生創造力及學習態度之研究**。台北市立師範學院自然科學教育研究所未出版之碩士論文，台北。

王澄霞（1995）。STS 活動中之「學」與「教」。**科學教育學刊，3**(1)，115-137。

尹萍（譯）（2000）。Naisbitt, J., & Phiplips, D. 著。**高科技、高思維**。台北：時報。（原著出版於 1999）

江麗美（譯）（1996）。De Bono, E.著。**六頂思考帽**。台北：桂冠。（原著出版於 1990）

吳佳玲（1995）。**家庭結構、親子互動關係與青少年子女行為表現之研究——續親家庭與身親家庭之比較**。中國文化大學家政研究所未出版之碩士論文，台北。

吳孟修（1998）。**經由STS探究實驗設計開發學生之創造力**。國立台灣師範大學化學研究所未出版之碩士論文，台北。

吳怡瑄（2002）。**主題統整教學、教室氣氛、年級及父母社經地位與國小學童科技創造力之關係**。國立中山大學教育研究所未出版之碩士論文，高雄。

吳昭宜（2000）。**走入幼兒戲劇教學的殿堂：一個幼稚園大班之行動研究**。國立屏東師範學院國民教育研究所未出版之碩士論

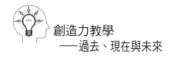

文，屏東。

吳靜吉（2002）。華人學生創造力的發掘與培育。**應用心理研究，
15**，17-42。

吳靜吉、陳嘉成、林偉文（1998）。**創造力量表簡介**。發表於「技
術創造力研討活動（二）：研究方法探討」之論文。高雄：國
立中山大學。

李茂興（譯）（1998）。Lefrancois, G. R.著。**教學心理學**。台北：
弘智。（原著出版於 1997）

李明（譯）（1999）。O'keeffe, J. 著。**創意 format**。台北：天下文
化。（原著出版於 1998）

李弘善（譯）（2000）。Sternberg, R. J., & Spear-Swerling, L. 著。**思
考教學**。台北：遠流。（原作出版於 1996）

李梅齡（2004）。**氣質、創作性戲劇教學、情緒調節與中大班幼兒
創造力之關係**。國立中山大學教育研究所未出版之碩士論文，
高雄。

杜明城（譯）（1999）。Csikszentmihalyi, M.著。**創造力**。台北：
時報。（原著出版於 1996）

林玫君（1999）。**創作性兒童戲劇入門**。台北：心理。

林基在（2001）。**創作性戲劇對國小學童生活適應影響之研究**。台
北市立師範學院國民教育研究所未出版之碩士論文，台北。

林逸媛（1992）：**家庭環境與子女創造性之相關研究**。國立政治大
學社會研究所未出版之碩士論文，台北。

林焱（譯）（2001）。Howe, M.著。**天才的奧祕**。台北：貓頭鷹。
（原著出版於 1999）

邱皓政、葉玉珠（1998）。**技術創造力的定義**。發表於「技術創造
力研討會」之論文。高雄：國立中山大學。

邱貴發（1998）。網路世界中的學習：理念與發展。**教育研究資**

訊，**6**(1)，20-27。

洪瑞雲（1986）。**意象與獨創力的交互作用對學習保存的影響**。國立政治大學教育研究所未出版之碩士論文，台北。

洪蘭（譯）（1999）。Sternberg, R. J., & Lubart, T. I. 著。**不同凡想**。台北：遠流。（原作出版於 1995）

洪蘭（譯）（2002）。Carter, R.著。**大腦的祕密檔案**。台北：遠流。（原著出版於 1998）

孫易新（2002）。**心智圖法基礎篇：多元知識管理系統**。台北：耶魯。

徐慧萍（2000）。**國中STS模組開發與教學研究——除溼劑、保鮮膜**。國立台灣師範大學物理研究所未出版之碩士論文，台北。

高翠霞（2001）。主題式教學理念：國小實施課程統整的可行策略。**現代教育論壇，4**，9-11。

商業週刊（2005，12 月）。**思考、深思考**。台北：商周。

張玉文（譯）（2000）。Drucker, P. F. 著。**知識管理：哈佛商業評論**。台北：天下文化。（原著出版於 1998）

張玉成（1984）。**開發腦中金礦的教學策略**。台北：心理。

張基成、傅心怡（2003）。網路學習社群討論分享行為表現之量化實證研究——性別與上網次數對行為表現之影響。**教學科技與媒體，66**，33-47。

張嘉芬（1997）。**依附風格、創意教養環境與創造行為的關係**。國立政治大學教育研究所未出版之碩士論文，台北。

張曉華（1999）。**創作性戲劇原理與實作**。台北：成長基金會。

教育部（2002）。**創造力教育白皮書**。台北：教育部。

陳宗逸（1995）。**家庭背景、教師行為、制握信念與國小學童創造思考相關研究**。國立屏東師範學院初等教育研究所未出版之碩士論文，屏東。

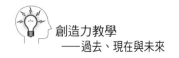

陳昭儀（1990）。傑出理化科學家之人格特質及創造歷程之研究。**師大學報，45**，27-45。

陳龍安（1998）。**創造思考教學的理論與實際**。台北：心理。

游家政（2000）。學校課程的統整及其教學。**課程與教學季刊，3**(1)，19-38。

黃心藝（譯）（2000）。Doku, H.著。**創意**。台北：海鴿。（原著出版於 1999）

湯偉君、邱美虹（1999）。創造性問題解決（CPS）模式的沿革與應用。**科學教育月刊，223**，2-20。

楊錦潭、段維新（2001）。從神經科學及心理學的觀點認識智慧型代理人。**資訊與教育雜誌特刊**，200-221。

葉玉珠（2000）。「創造力發展的生態系統模式」及其應用於科技與資訊領域之內涵分析。**教育心理學報，32**(1)，1-28。

葉玉珠（2002）。**國小中高年級學童科技創造力發展與其主要影響生態系統之動態關係**（NSC 90-2511-S-110-006）。台北：國科會。

葉玉珠（2003）。**國小中高年級學童科技創造力發展與其主要影響生態系統之動態關係**（NSC 91-2522-S-110-004）。台北：國科會。

葉玉珠（2004）。**小毛蟲的天空：「創作性戲劇教學對啟發幼兒創造力之行動研究」**。台北：教育部。

葉玉珠（2005）。**網路學習融入師資培育課程對提昇職前教師批判思考教學能力之探討**（NSC93-2520-S-004-002-）。台北：國科會。

葉玉珠、吳靜吉、鄭英耀（2000）。影響科技資訊產業人員創意發展的因素之量表發展。**師大學報，45**(2)，39-63。

詹宏志（1998）。**創意人**。台北：臉譜。

參考文獻

廖素珍（1992）。**創造思考教學方案對幼兒創造思考能力之影響**。中國文化大學兒童福利研究所未出版之碩士論文，台北。

蔡擇文（2003）。**國小五年級自然科融入 STS 教學對學生學習態度、批判思考與科技創造力之影響**。國立中山大學教育研究所未出版之碩士論文，高雄。

鄭芳怡（2004）。**國小學童解釋形態、領域知識、創意生活經驗與科技創造力之關係**。國立中山大學教育研究所未出版之碩士論文，高雄。

鄭昭明（1993）。**認知心理學：理論與實踐**。台北：桂冠。

蕭敏華（1997）。**國民小學開放程度及其教育效果：以台北縣開放教育班例之初步分析**。國立台北師範學院初等教育研究所未出版之碩士論文，台北。

蕭富元（譯）（2000）。De Bono, E. 著。**創意有方：水平思考談管理**。台北：天下遠見。（原著出版於 1971）

薛梨真（2000）。國小教師統整課程實施成效之評估。**課程與教學季刊**，**3**(1)，39-58。

鍾宜智（2001）。推展與落實網路學習之探討。**生活科技教育**，**34**(11)，22-26。

韓婉君（2001）。**教師開放教育實施程度與國小高年級學童批判思考、創造思考能力之研究**。國立中山大學教育研究所未出版之碩士論文，高雄。

羅一萍（1996）。**父母的傳統性、現代性、管教方式與兒童的創造力相關之研究**。國立屏東師範學院初等教育研究所未出版之碩士論文，屏東。

羅雅萱、袁世珮（譯）（2002）。Schank, R. C. 著。**打造 TOP1 線上學習方案**。台北：麥格羅希爾。

譚克平（1999）。創造力定義之探討和台灣與香港國中學生數學創

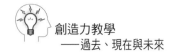

造性解題之比較（NSC88-2519-S003-004-C）。台北：國科會。

Amabile, T. M. (1983). *The social psychology of creativity.* New York, NY: Springer-Verlag.

Amabile, T. M. (1987). The motivation to be creativity. In S. C. Isaksen (Ed.), *Frontiers of creativity research* (pp. 223-254). New York, NY: Bearly Limited.

Amabile, T. M. (1988). A model of creativity and in novation in organizations. *Research in Organizational Behavior, 10*, 123-167.

Amabile, T. M. (1996). *Creativity in context.* Boulder, Colorado: Westview Press.

Amabile, T. M. (1997). Entrepreneurial creativity through motivational synergy. *Journal of Creativity Behavior, 31*(1), 18-26.

Amabile, T. M., Conti, R., Lazenby, J., & Herron, M. (1996). Assessing the work environment for creativity. *Academy of Management Journal, 39*(5), 1154-1184.

American Alliance of Theatre and Education (2005). *What exactly is creative drama?* Retrieved September 3, 2005, from http://cre8tive-drama.com/

Andre, T., & Phye, G. D. (1986). Cognition, learning, and education. In G. D. phye and T. Andre (Eds.), *Cognitive classroom learning: Understanding, thinking, and problem solving.* New York: Academic Press.

Annarella, L. A. (1999). *Encouraging creativity and imagination in the classroom.* East Lansing, MI: National Center for Research on Teacher Learning. (ERIC Ducument Production Series No. ED434380)

Annarella, L. A. (2000). *Using creative drama in the writing and reading*

參考文獻

process. East Lansing, MI: National Center for Research on Teacher Learning. (ERIC Ducument Production Series No. ED445358)

Arias, E., Eden, H., Fisher, G., Gorman, A., & Scharff, E. (2000). *Transcending the individual human mind: Creating shared understanding through collaborative design*. Retrieved from July 2003 http:// www.cs.colorado.edu/~gerhard/papers/tochi2000.pdf

Arnold, R. H., & Schell, J. W. (1999). Educators' perceptions of curriculum integration activities and their importance. *Journal of Vocational Education Research, 24*(2), 87-101.

Ashby, F. G., Isen, A. M., & Turken, U. (1999). A neuropsychological theory of positive affect and its influence on cognition. *Psychological Review, 106*(3), 529-550.

Ausubel, D. (1963). *The psychology of meaningful learning*. New York, NY: Greene & Stratton.

Auzmendi, E., Villa, A., & Abedi, J. (1996). Reliability and validity of a newly constructed multiple-choice creativity instrument. *Creativity Research Journal, 9*, 89-96.

Baker, B. R. (1996). *Drama and young children*. East Lansing, MI: National Center for Research on Teacher Learning. (ERIC Ducument Production Series No. ED402637)

Bandura, A. (1993). Perceived self-efficacy in cognitive development and functioning. *Educational Psychologist, 28*(2), 117-148.

Bandura, A. (1995). Exercise of personal and collective efficacy in changing societies. In A. Bandura (Ed.), *Self-efficacy in changing societies* (pp. 1-45). NY: Cambridge.

Baron, R. A. (1996). *Essentials of psychology*. Needham Heights, MA: Allyn & Bacon.

Barron, F., & Harrington, D. M. (1981). Creativity, intelligence, and personality. *Annual Review of Psychology, 32*, 76-439.

Basadur, M., & Hausdorf, P. A. (1996). Measuring divergent thinking attitudes related to creative problem solving and innovation management. *Creativity Research Journal, 9*, 21-32.

Bee, H., & Boyd, D. (2005). *Lifespan development* (4rd ed.). Boston, MA: Allyn & Bacon.

Bekhtereva, N. P., Dan'ko, S. G., Starchenko, M. G., Pakhomov, S. V., & Medvedev, S. V. (2001). Study of the brain organization of creativity: III. Brain activation assessed by the local cerebral blood flow and EEG. *Human Physiology, 27*(4), 390-397.

Bekhtereva, N. P., Starchenko, M. G., Klyucharev, V. A., Vorob'ev, V. A., Pakhomov, S. V., & Medvedev, S. V. (2000). Study of the brain organization of creativity: II. Positron-emission tomography data. *Human Physiology, 26*(5), 516-522.

Bennett, O. G. (1982). *An investigation into the effect of a creative experience in drama on the creativity, self- concept, and achievement of fifth and sixth grade students.* Unpublished doctoral dissertation, Georgia State University.

Besemer, S. P., & O'Quin, K. (1987). Creative product analysis: Testing a model by developing a judging instrument. In S. G. Isaksen (Ed.), *Frontiers of creativity research: Beyond the basics* (pp. 367-389). Buffalo, NY: Bearly.

Bloom, B. S. (1985). *Developing talent in young people.* New York: Ballantive Books.

Bloom, B. S., Englehart, M. D., Frust, E. J., Hill, W. H., & Krathwohl, D. R. (1956). *Taxonomy of educational objectives, handbook I: Cogni-*

tive domain. New York, NY: David McKay.

Bora, E., & Alper, Y. (2005). Artistic Creativity and Brain. *Yeni Symposium Year 2005, 43*(1), 3-8.

Brindley, C., & Scoffield, S. (1998). Peer assessment in undergraduate programmes. *Teaching in Higher Education, 3*(1), 79-89.

Bronfenbrenner, U. (1979). *The ecology of human development: Experiments by nature and design.* Cambridge, MA: Harvard University Press.

Brown. R. E. (2001). The process of community-building in distance learning classes. *Journal of Asynchronous Learning Networks, 5*(2), 18-35.

Caine, N., & Caine, G. (1995). Reinventing schools through brain-based learning. *Educational Leadership, 52*(7), 43-47.

Carlsson, I., Wendt, P. E., Risberg, J. (2000). On the neurobiology of creativity. Differences in frontal activity between high and low creative subjects. *Neuropsychologia, 38*(6), 873-885.

Chambers, J. A. (1973). College teachers: Their effects on creativity of students. *Journal of Educational Psychology, 65*, 326-334.

Chambers, B. (1993). Cooperative learning in kindergarten: Can it enhance students' prosocial behavior? *International Journal of Early Childhood, 25*(2), 31-36.

Chavez, R. A., Graff-Guerrero, A., Garcia-Reyna, J. C., Vaugier, V., & Cruz-Fuentes, C. (2004). Neurobiology of creativity: Preliminary results from a brain activation study. *Salud Mental, 27*(3), 38-46.

Cheng, S. K. (1999). East-west difference in views on creativity: Is Howard Gardner correct? Yes and no. *Journal of Creative Behavior, 33*(2), 112-125.

Clarke, J. H. (1990). *Patterns of thinking: Integrating learning skills in content teaching*. Needham Heights, MA: Allyn and Bacon.

Colangelo, N., Kerr, B., Huesman, R., Hallowell, N., & Gaeth, J. (1992). The Iowa inventiveness inventory: Toward a major of mechanical inventiveness. *Creativity Research Journal, 5*, 157-164.

Collison, G., Elbaum, B., Haavind, S., & Tinker, R. (2000). *Facilitating online learning: Effective strategies for moderators*. Madison, WI: Atwood Publishing.

Costa, A. L. (Ed.) (1985). *Developing minds: A resource book for teaching thinking*. Alexandria, VA: Association for Supervision and Curriculum Development.

Cottrell, J. (1987). *Creative drama in the classroom: Grades1-3*. IL: National Textbook.

Cropley, A. J. (1997). Fostering creativity in the classroom: General principles. In M. A. Runco (Ed.), *Creativity research handbook* (Vol. 1). Cresskill, NJ: Hampton Press.

Cropley, A. J. (2000). Defining and measuring creativity: Are creativity tests worth using? *Roeper Review, 23*(2), 72-80.

Csikszentmihalyi, M. (1990). *Flow: The psychology of optimal experience*. New York, NY: Harper & Row.

Csikszentmihalyi, M. (1999). Implications of a systems perspective for the study of creativity. In R. J. Sternberg (Ed.), *Handbook of creativity* (pp.313-338). New York: Cambridge University Press.

Cudowska, A., Gornikiewicz, J., & Laskowski, T. (2000). Fromm's paradigm of teacher and student creative attitudes vs. modern communication technologies. In *Proceedings of Society for Information Techn ology and Teacher Education International Conference* (p.2000,

參考文獻

pp. 2414-2418). Chesapeake, VA: AACE.

Davies, G. (1983). *Practical primary drama*. London: Heinemann Educational Books.

Davies, P. (1999). Learning through assessment, OLAL on-line assessment and Learning. *Third CAA Conference Proceedings: Flexible Learning Initiative* (pp. 75-78).

Deci, E. L., & Nezlek, J. (1981). Characteristics of the rewarder and intrinsic motivation of the rewardee. *Journal of Personality and Social Psychology, 40*(1), 1-10.

Derryberry, D., & Tucker, D. M. (1994). Motivating the focus of attention. In P. M. Niedenthal & S. Kitayama (Eds.), *Heart's eye: Emotional influences in perception and attention* (pp. 167-196). New York, NY: Academic Press.

Dick, W., & Carey, L. (1990). *The systematic design of instruction* (3rd ed.). Glenview, IL: Foresman.

Dietrich, A. (2004). The cognitive neuroscience of creativity. *Psychonomic Bulletin & Review, 11*(6), 1011-1026.

Domino, G. (1994). Assessment of creativity using the ACL: A comparison of four scales. *Creativity Research Journal, 7*, 21-23.

Donnelly, B. (1994). Creativity in the workplace. *The Journal of Technology Studies, 20*(2), 4-8.

Dudek, S. Z., Strobel, M. G., & Runco, M. A. (1993). Cumulative and proximal influences on the social environment and children's creative potential. *The Journal of Genetic Psychology, 154*(4), 487-499.

Durkin, M. C. (1993). *Thinking through class discussion*. PA: Technomic Publishing Company, Inc.

Ediger, M. (1998). Cooperative learning versus competition: Which is

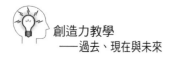

創造力教學
——過去、現在與未來

better? *Journal of Instructional Psychology, 23*(3), 204-209.

Eggen, P. D., & Kauchak, D. P. (1996). *Strategies for teachers: Teaching content and thinking skills* (3nd ed.). Needham Heights, MA: Ally & Bacon.

Farr, R., & Tone, B. (1998). *Portfolio and performance assessment* (2nd ed.). Orlando, FL: Harcourt Brace College Publishers.

Feldhusen, J. F. (1995). Creativity: A knowledge base, metacognitive skill, and personality factors. *Journal of Creative Behavior, 29*(4), 255-268.

Fishkin, A. S., & Johnson, A. S.(1998). Who is creative? Indentifying Children's Creative Abilities. *Roeper Review, 21*(1), 40-46.

Fleith, D. S. (2000). Teacher and student perceptions of creativity in the classroom environment. *Roeper Review, 22*(3), 148-153.

Fogarty, R., & Stoehr, J. (1995). *Integrating curriculum with multiple intelligences: Teams, themes, and threads.* Arlington heights, Illinois: IRI/Skylight training and publishing.

Fredericks, A. D., Blake-Kline, B., & Kristo, J. V. (1996). *Teaching the integrated language arts: Process and practice.* New York, NY: Longman.

Freeman, G. D., Sullivan, K., & Fulton, C. R. (2003). Effects of creative drama on self-concept, social skills, and problem behavior. *The Journal of Educational Research, 96*(3), 131-138.

Friedman, R. S., & Forster, J. (2005). Effects of motivational cues on perceptual asymmetry: Implications for creativity and analytical problem solving. *Journal of Personality and Social Psycholog, 88*(2), 263-275.

Furman, A. (1998). Teacher and pupil characteristics in the perception of

參考文獻

the creativity of classroom climate. *Journal of Creative Behavior, 32* (4), 258-277.

Gallagher, J. J. (1975). *Teaching the gifted child* (2nd ed.). Boston, MA: Allyn and Bacon.

Gallini, J. K. (1989). Schema-based strategies and implications for instructional design in strategy training. In C. B. McCormick, G. E. Miller, & M. Pressley (Eds.), *Cognitive strategy research: From basic research to educational applications* (pp. 239-268). New York: Spring-Verlag.

Garcia, M. (2002). E-Learning Challenge: Digital Literacy and creativity. In *Proceedings of World Conference on E-Learning in Corporate, Government, Healthcare, and Higher Education, 2002,* 2599-2600. Chesapeake, VA: AACE.

Garcia, T., & Pintrich, P. R. (1992). *Critical thinking and its relationship to motivation learning strategies, and classroom experiences.* Paper presented at the meeting of the American Psychological Association, Washington, DC.

Gardner, H. (1988). Creative lives and creative works: A synthetic scientific approach. In R. J. Sternberg (Eds), *The nature of creativity* (pp. 298-320). New York, NY: Cambridge university press.

Gardner, H. (1993). *Creating minds.* New York: Basic Books.

Getz, I., & Lubart, T. (1999). The emotional resonance model of creativity: Theoretical and practical extensions. In S. Russ (Ed.), *Affect, creative experience, and psychological adjustment* (pp. 41-56). Philadelphia, PA: Brunner/Mazel.

Gibson, S., & Dembo, M. H. (1984). Teacher efficacy: A construct validation. *Journal of Educational Psychology, 76,* 569-582.

Graig, G. J. (1999). *Human development* (8th ed.). Upper Saddle River, NJ: Prentice-Hall.

Grossman, P. L., & Richert, A. E. (1988). Unacknowledged knowledge growth: A re-examination of the effects of teacher education. *Teaching and Teacher Education, 4*(1), 53-62.

Gruber, H. E. (1981). *Darwin on man : A psychological study of scientific creativity.* Chicago: University of Chicago Press.

Gruber, H. E., & Davis, S. N. (1988). Inching our way up Mount Olympus: The evolving-systems approach to creative thinking. In R. J. Sternberg (Eds.), *The nature of creativity* (pp. 240-273). New York: Cambridge University Press.

Guilford, J. P. (1950). Creativity. *American Psychologist, 5,* 444-454.

Guilford, J. P. (1967). *The nature of buman intelligence.* New York: McGraw-Hill.

Hale, C., & Windecker, E. (1992). *Influences of parent-child interaction during reading on preschoolers' cognitive abilities.* East Lansing, MI: National Center for Research on Teacher Learning. (ERIC Ducument Production Series No. ED360083)

Hamza, K. N., & William, R. (1996). *Creating and fostering a learning environment that promates creative thinking and problem solving skills.* East Lansing, MI: National Center for Research on Teacher Learning. (ERIC Ducument Production Series No. ED406435)

Haneghan, J. V., & Stofflett, R. T. (1995). Implementation problem solving technology into classroom: Four case studies of teachers. *Journal of Technology and Teacher Education, 3*(1), 57-80.

Hann, D., Glowacki-Dudka, M., & Conceicao-Runlee, S. (2000). *147 Practical tips for teaching online groups: Essentials of web-based*

参考文獻

education. Madison, WI: Atwood Publishing.

Hannafin, M. J. (1992). Emerging technologies, ISD, and learning environments: Critical perspectives. *Educational Technology, Research, and Development, 40*(1), 49-63.

Harackiewicz, J. M., Barron, K. E., Pintrich, P. R., Elliot, A. J., & Thrash, T. M. (2002). Revision of achievement goal theory: Necessary and illuminating. *Journal of Educational Psychology, 94*, 638-645.

Harbach, B. (2003). Creativity and the Emerging Technologies. In *Proceedings of World Conference on E-Learning in Corporate, Government, Healthcare, and Higher Education, 2003*, 1006-1008. Chesapeake, VA: AACE.

Hargreaves, A., & Moore, S. (2000). Curriculum integration and classroom relevance: A study of teachers' practice. *Journal of Curriculum and Supervision, 15*(2), 89-112.

Hennessey, B. A., & Amabile, T. M. (1988). Storytelling: A method for assessing children's creativity. *Journal of Creative Behavior, 22*, 235-246.

Herman, J. L., Aschbacher, P. R., & Winters, L. (1992). *A practical guide to alternative assessment*. Alexandria, VA: Association for Supervision and Curriculum Development.

Hickey, M. (2001). An application of Amabile's consensual assessment technique for rating the creativity of children's musical compositions. *Journal of Research in Music Education, 49*(3), 234-245.

Hocevar, D., & Bachelor, P. (1989). A Taxonomy and critique of measurements used in the study of creativity. In J. A. Glover, R. R. Ronning and C. R. Reynold. (Eds.), *Handbook of creativity* (pp. 53-70). NY: Plenum.

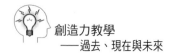
創造力教學
——過去、現在與未來

Houtz, J. C. (1990). Environments that support creative thinking. In J. H. Hedley and A. Barratta (Eds.), *Cognition, curriculum and literacy* (pp. 61-76). NJ: Ablex, Norwood.

Infinite Innovations. (2005). How to use SCAMPER techniques. Retrieved November, 11, 2005, from http://www.brainstorming.co.uk/tutorials/scampertutorial.html

Isen, A. M., Johnson, M. M., Mertz, E., & Robinson, G. F. (1985). The influence of positive affect on the unusualness of word associations. *Journal of Personality & Social Psychology, 48*(6), 1413-1426.

Isen, A. M., Daubman, K. A., & Nowicki, G. P. (1987). Positive affect facilitates creative problem solving. *Journal of Personality and Social Psychology, 52*, 1122-1131.

Isen, A. M. (1990). The influence of positive and negative affect on cognitive organization: Some implications foe development. In N. L. Stein, B. Leventhal, and T. Trabasso (Eds.). *Psychological and biological approaches to emotion.* Hillsdale, NJ: Lawrence Erlbaum.

Isen, A. M. (1999). On the relationship between affect and creative problem-solving. In S. Russ (Ed.), *Affect, creative experience, and psychological adjustment* (pp. 3- 17). Philadelphia: Taylor & Francis.

Isen, A. M. (2002). A role for neuropsychology in understanding the facilitating influence of positive affect on social behavior and cognitive processes. In C. R. Snyder and S. J. Lopez (Eds.), *Handbook of positive psychology* (pp. 528-540). New York: Oxford University Press.

Jackson, P., & Messick, S. (1965). The person, the product and the response: Conceptual problems in the assessment of creativity. *Journal of Personality, 33*, 309-329.

Jacobs, H. H. (1989). The interdisciplinary concept model: A step-bystep approach for developing integrated units of study. In H. H. Jacobs (Ed.), *Interdisciplinary curriculum: Design and implementation* (pp. 53-65). Alexandra, VA: Association for Supervision and Curriculum Development.

Jensen, E. (1998). *Teaching with the brain in mind.* Alexandria., VA: Association for Supervision and Curriculum Development.

Jonassen, D. H. (1991). Evaluating constructivistic learning. *Educational Technology, 31*(8), 28-33.

Jonassen, D., Peck, K., & Wilson, B. (1999). *Learning with technology: A constructivist perspective.* Upper Saddle River, NJ: Prentice Hall, Inc.

Kearsley, G. (2000). *Online education: Learning and teaching in cyberspace.* Belmont, CA: Wadsworth/Thomson Learning.

Kelly, P. R., & Farnan, N. (1991). Promoting critical thinking through response logs: A reader-response approach with fourth graders. *National Reading Conference Yearbook, 40,* 277-284.

Kirschenbaum, R. J. (1989). *Understanding the creative activity of students.* Mansfield Center. CT: Creative Learning Press.

Koschmann, T. (1996). *CSCL: Theory and practice of an emerging paradigm.* Mahwah: Lawrence Erlbaum Associates.

Krathwohl, D. R., Bloom, B. S., & Masia, B. B. (1964). *Taxonomy of educational objectives, handbook II: Affective domain.* New York: David McKay.

Kumar, V. K., Kemmler, D, & Holman, E. R. (1997). The creativity styles questionnaire-revised. *Creativity Research Journal, 10,* 51-58.

Kurup, R. Kumar., & Kurup, P. A. (2003). Hypothalamic digoxin, hemispheric chemical dominance, and creativity. *International Journal of*

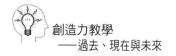

創造力教學
——過去、現在與未來

Neuroscience, 113(4), 565-577.

Lebow, D. (1993). Constructivist values for instructional systems design: Five principles toward a new mindset. *Educational Technology, Research, and Development, 41*(3), 4-13.

Lightfoot, B. K. (1988). Imagination: At play with puppets and creative drama. *Childhood Education, 64*(4), 253-254.

Lipponen, L. (2003). Exploring foundations for computer-supported collaborative learning. Retrieved from August, 2003 http://newmedia.colorad.edu/cscl/31.pdf

Lubart, T. I., & Getz, I. (1997). Emotion, metaphor, and the creative process. *Creative Research Journal, 10*(4), 285-301.

Ma, A. (2004). An Innovative Model to Foster Creativity in a CSCL Environment. In *Proceedings of World Conference on Educational Multimedia, Hypermedia and Telecommunications, 2004*, 2672-2677. Chesapeake, VA: AACE.

MacKinnon, D. W. (1962). The nature and nurture of creative talent. *American Psychologist, 17*, 484-495.

Marjoribanks, K. (1994). Families, schools and children's learning: A study of children's learning environment. *International Journal of Educational Research, 21*, 439-555.

Martinello, M. L., & Cook, G. E. (1994). *Interdisciplinary inquiry in teaching and learning*. New York, USA: Macmillan College Publishing Company.

Mayer, R. E. (1999). Fifty years of creativity research. In R. J. Sternberg (Ed.), *Handbook of creativity* (pp. 449-460). New York: Cambridge University Press.

McCown , R. R., Driscoll, M., & Roop, P. G. (1996). *Educational psy-*

246

chology: A learning-centered approach to classroom practice (2nd ed). Needham Heights, MA: Allyn & Bacon.

Mellou, E. (1996). The two-conditions view of creativity. *Journal of Creative Behavior, 30*(2), 126-149.

Michel, M., & Dudek, S. Z. (1991). Mother-child relationship and creativity. *Creativity Research Journal, 4*(3), 281-286.

Michelli, N. M., Pines, R., & Oxman-Michelli, W. (1990). *Collaboration for critical thinking in teacher education: The Montchair State College Model* (Series 3, no. 3). NJ: Institute for Critical Thinking.

Midgley, C., Kaplan, A., & Middleton, M. (2001). Performance-approach goals: Good for what, for whom, under what circumstances, and at what cost? *Journal of Educational Psychology, 93*, 77-86.

Morgan, S., & Forster, J. (1999). Creativity in the classroom. *Gifted Educational International, 14*, 29-43.

Mulder, I., Swaak, J., & Kessels, J. (2002). Assessing group learning and shared understanding in technology-mediated interaction. *Educational Technology & Society, 5*(1), 35-47.

Murray, N., Sujan, H., Hirt, E. R., & Sujan, M. (1999). The influence of mood on categorization: A cognitive flexibility interpretation. *Journal of Personality and Social Psychology, 59*(3), 411-425.

Nonaka, I., & Takeuchi, H. (1995). *The knowledge-creating company.* New York, NY: Oxford Press.

Okuda, S. M., Runco, M.A., & Berger, D. E. (1991). Creativity and the finding and solving or real-world problems. *Journal of Psychoeducational Assessment, 9*, 45-53.

Oldham, G. R., & Cummings, A. (1996). Employee creativity: Personal and contextual factors at work. *Academy of Management Journal,*

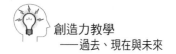

創造力教學
——過去、現在與未來

39(3), 607-634.

Olszewski, P., Kulieke, M., & Buescher, T. (1987). The influence of the family environment on the development of talent: A literature review. *Journal for the Education of Gifted, 11*(1)6-28.

O'Tuel, F. S., & Bullard, R. K. (1993). *Developing higher order thinking in the content areas K-12*. Pacific Grove, CA: Critical Thinking Press and Software.

Palloff, R. & Pratt, K. (1999). *Building learning communities in cyberspace*. San Francisco, CA: Jossey-Bass Publishers.

Pate, P. E., Homestead, E. R., & McGinnis, K. L. (1997). *Making integrated curriculum work: Teachers, students, and the quest for coherent curriculum*. New York, NY: Teachers College Press.

Perkins, D. N. (1986). Thinking frames. *Educational Leadership, 43*(8), 4-10.

Perkins, D. N. (1988). Creativity and the quest of mechanism. In R. J. Sternberg and E. E. Smith (Eds.), *The psychology of huamn thought* (pp. 309-336). New York: Cambridge University Press.

Pirto, D. J. (1992). *Understand those who create*. Ohio Psychology Press.

Plucker, J. A., & Runco, M. A. (1998). The death of creativity measurement has been greatly exaggerated: Current issues, recent advances, and future directions in creativity assessment. *Roeper Review, 21*(1), 36-39.

Pohlman, L. (1996). Creativity, gender and the family: A study of creative writers. *Journal of Creative Behavior, 30*(1), 1-24.

Punch, K. F., & Moriarty, B. (1997). Cooperative and competitive learning environments and their effects on behavior, self-efficacy, and achievement. *The Alberta Journal of Educational Research,*

XLIII(2/3), 161-164.

Reeves, T. (1997). *Evaluating what really matters in computer-based education*. Retrieved from December, 2004 http://www.education-an.edu.au/archives/cp/REFS/reeves.htm

Reis, S. M., & Renzulli, J. S. (1991). The assessment of creative products in programs for gifted and talented students. *Gifted Child Quarterly, 35*, 128-134.

Resnick, L. B. (1999). *Standards-based education: What it looks like and how to improve it (I)*. 發表於「科學學習評量與教師專業成長：邁向二十一世紀的科學教育研討會」之論文。台北：台灣師大。

Ripple, R. E. (1989). Ordinary creativity. *Contemporary Educational Psychology, 14*, 189-202.

Rodd, J. (1999). Encouraging young children's critical and creative thinking skills: An approach in one English elementary school. *Childhood Education, 75*(6), 350-354.

Roper, B., & Davis, D. (2000). Howard Gardner: Knowledge, learning development in drama and arts education. *Research in Drama Education, 5*(2), 217-233.

Ruba, P. A., & Wiesenmyer, R. L. (1990). *A Study of the qualities teachers recommend in STS issue investigation and action instructional*. Paper presented at the 1990 meeting of the National Association for Research in Science Teaching, Atlanta, GA.

Ruggiero, V. R. (1988). *Teaching thinking across the curriculum*. New York, NY: Happer & Row Publishers.

Runco, M. A. (1991). *Divergent thinking*. Norwood, NJ: Ablex.

Runco, M. A. (1996). Personal creativity: Definition and developmental

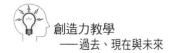
Issues. *New Directions for Child Development, 72*, 3-30.

Runco, M. A., & Walberg, H. J. (1998). Personal explicit theories of creativity. *The Journal of Creative Behavior, 32*(1), 1-17.

Russ, S. W., & Kaugars, A. S. (2000-2001). Emotion in children's play and creative problem solving. *Creativity Research Journal, 13*(2), 211-219.

Saldana, J. (1985). *Drama with the kindergarten: A curriculum guide for teachers*. Tempe, AR: Arizona State University.

Saldana, J. (1996). "Significant differences" in child audience response: Assertions from the longitudinal study. *Youth Theatre Journal, 10*, 67-83.

Schiever, S. W. (1991). *A comprehensive approach to teaching thinking*. Boston, MA: Allyn and Bacon.

Senge, P. (1994). *The fifth discipline: The art and practice of the learning organization*. New York, NY: Doubleday.

Sergiovanni, T. J. (1994). *Building community in schools*. San Francisco, CA: Jossey-Bass.

Sherry, L. (1998). *The nature and purpose of online discourse: A brief synthesis of current research as related to the WEB project*. Retrieved from December, 2004 http://www.cudenver.edu/~lsherry/pubs/dialogue.htm

Shulman, L. S. (1987). Knowledge and teaching: Foundations of the new reform. *Harvard Educational Review, 57*(1), 1-21.

Siau, k. L. (1995). Group creativity and technology. *Journal of Creative Behavior, 29*(3), 201-216.

Siler, T. (1996). *Think like a genius: Use your creativity in ways that will enrich your life*. Englewood, CO: ArtScience Publications.

Simonton, D. K. (1988). Creativity, leadership, and chance. In R. J. Sternberg (Ed.), *The nature of creativity* (pp. 386-427). New York: Cambridge University Press.

Simonton, D. K. (2000). Cognitive, personal, developmental, and social aspects. *American psychologist, 55*(1), 151-158.

Snowden, P. L., & Christian, L. G. (1999). Parenting the young gifted child: Supportive behaviors. *Roeper Review, 21*(3), 215-221.

Soh, K. (2000). Indexing creativity fostering teacher behavior: A preliminary validation study. *Journal of Creative Behavior, 34*(2), 118-134.

Solomon, J. (1993). *Teaching science, technology and society*. Milton Keynes: Open University Press.

Starko, A. J. (1995). *Creativity in the classroom*. White Plains, N Y: Longman Publishers.

Stenmark, D. (1999). Asynchronous Brainstorm: An Intranet Application for Creativity. In *Proceedings of WEBNET, 1999*, 1429-1430. Chesapeake, VA: AACE.

Sternberg, R. J. (1988). A three-facet model of creativity. In R. J. Sternberg (Ed.), *The nature of creativity* (pp. 125-147). New York: Cambridge University Press.

Sternberg, R. J. (2000). Identifying and developing creative giftedness. *Roeper Review, 23*(2), 60-64.

Sternberg, R. J., & O'Hara, L. A. (1999). Creativity and Intelligence. In R. J. Sternberg (Ed.), *Handbook of creativity* (pp. 251-272). San Diego, CA: Academic Press.

Sternberg, R. J., & Lubart, T. I. (1996). Investing in creativity. *American Psychologist, 51*(7), 677-688.

Sternberg, R. J., & Lubart, T. I. (1999). The concept of creativity: Prospects and paradigms. In R. J. Sternberg (Ed.), *Handbook of creativity* (pp. 3-15). New York, NY: Cambridge University Press.

Still, D. J. (1996). Integrative thinking, synthesis, and creativity in interdisciplinary studies. *The Journal of Education, 45*(2), 129-151.

Stipek, D. (1998a). Intrinsic motivation. In D, Stipek, *Motivition to learn: Form theory to practice* (3rd ed.) (pp. 117-135). Needham Heights, MA: Allyn & Bacon.

Stipek, D. (1998b). Maximizing intrinsic motivation, mastery goal,and belongings. In D. Stipek (Ed.), *Motivition to learn: Form theory to practice* (3rd ed.) (pp. 161-186). Needham Heights, MA: Allyn & Bacon.

Swartz, R. J., & Parks, S. (1994). *Infusing the teaching of critical and creative thinking into content instruction.* Pacific Grove, CA: Critical Thinking Press & Software.

Taba, H. (1967). *Teachers handbook to elementary social studies.* Reading, MA: Addison-Wesley.

Tang, P. C. (1986). *Essays on creativity and science: On creativity and the structure of science.* East Lansing, MI: National Center for Research on Teacher Learning. (ERIC Ducument Production Series No. ED271298)

Tennyson, R. D., Schott, F., Seel, N. M., & Dijkstra, S. (1997) (Eds.). *Instructional design: International perspectives.* Mahwah, NJ: Lawrence Erlbaum Association.

Tharp, R. G. (1999). Effective teaching: How the standards com to be. *Effective teaching document series.* (No. 1). Santa Cruz: Center for Research on Education, Diversity and Excellence, University of California.

參考文獻

Tierney, R. J., Carter, M. A., & Desai, L. E. (1991). *Portfolio assessment in the reading-writing classroom.* Norwood, MA: Christopher-Gordon Publishers, Inc..

Torrance, E. P. (1974). *Torrance tests of creative thinking: Directions manual and sorting guide (Figural test, Form B).* Princeton, NJ: Personnel Press.

Torrance, E. P. (1988). The nature of creativity as manifest in its testing. In R. J. Sternberg (Ed), *The Nature of Creativity* (pp. 43-75). New York: Cambridge University Press.

Torrance, E. P., & Goff, K. (1990). *Fostering academic creativity in gifted students.* East Lansing, MI: National Center for Research on Teacher Learning. (ERIC Ducument Production Series No. ED321489)

Treffinger, D. J., & Isaksen, S. G. (1991). Creative learning and problem solving. In A. L. Costa (Ed.), *Developing minds: Programs for teaching thinking* (2nd ed.) (pp. 89-93). Alexandria, VA: Association for Supervision and Curriculum Development.

Treffinger, D. J., & Isaksen, S. G. (1992). *Creative problem solving: An introduction.* Sarasota, FL: Center for Creative Thinking.

Treffinger, D. J., & Isaksen, S. G. (2001). Teaching for creative learning and problem solving. In A. L. Costa (Ed.), *Developing minds: A resource book for teaching thinking* (3rd ed.) (pp. 442-445). Alexandria, VA: Association for Supervision and Curriculum Development.

Trusty, J. (1998). Family influence on educational expectations of late adolescents. *The Journal of Educational Research, 91*(5), 260-270.

Tucker, B., Hafenstein, N. L., Jones, S., Bernick, R., & Haines, K. (1997). An integrated-thematic curriculum for gifted learners. *Roeper Re-*

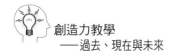

──過去、現在與未來

view, 19(4), 196-199.

Udall, A. J., & Daniels, J. E. (1991). *Creating the thoughtful classroom.* Tucson, Arizona: Zephyr Press.

Urban, K. K., & Jellen, H. G. (1996). *Test for creative thinking: Drawing production (TCT-DP).* Lisse, Netherlands: Swets and Zeitlinger.

Van, T., Yip, W. H., & Vera, A. (1999). Supporting design studio learning: An investigation into design communication in computer-supported collaboration. In *Proceedings of the Computer Support For Collaborative Learning (CSCL) Conference, 1999*, 12-15. Stanford University, CA: Lawerence Erlbaum Associates.

Walberg, H. J. (1988). Creativity and talent as learning. In R. J. Sternberg (Ed.), *The nature of creativity* (pp. 340-361). New York: Cambridge University Press.

Waldschmidt, E. (1996). *Teacher templates: Analysis frameworks developed by bilingual teachers learning about creative drama.* Paper presented at the Annual Meeting of the American Educational Research Association, New York, NY.

Wallas, G. (1926). *The arts of thought.* New York: Harcour Brace and World.

Ward, T. B., Smith, R. A., & Finke, R. A. (1999). Creative Cognition. In R. J. Sternberg (Ed.), *Handbook of creativity* (pp. 189-212). New York: Cambridge University Press.

Wechsler, S. (2000). Talent development in brazil:as view by adult writers and poets. *Roeper Review, 22*(2), 86-88.

Weinstein, S., & Graves, R. E. (2002). Are creativity and schizotypy products of a right hemisphere bias? *Brain and Cognition, 49*(1), 138-151.

Weisberg, R. W. (1993). *Creativity: Beyond the myth of genius*. New York: Freeman.

Winn, W. D. (1991). The assumptions of constructivism and instructional design. *Educational Technology, 31*(9), 38-40.

Woolfolk, A. E. (1995). *Educational psychology* (6th ed.). Needham Heights, MA: Allyn & Bacon.

Woolley, S., & Ludwig-Hardman, S. (2000). Online learning communities: Vehicles for collaboration and learning in online learning environments. *World Conference on Educational Multimedia, Hypermedia and Telecommunication, 2000*(1), 1556-1558.

Yager, R. E. (1992). The STS approach parallels constructivist practices. *Science Education Intema, 3*(2). 18-20

Yager, R. E. (1993). *The science technology society movement*. National Science Teachers Association.

Yager, R. E. (1996). *Science/technology/society as reform in science education*. New York, NY: State University of New York Press..

Yeh, Y. C. (2004). The interactive influences of three ecological systems on R & D personnel's technological creativity. *Creativity Research Journal, 16*(1), 11-25.

Yoo, S. (1995). *Necessity of information processing models as function tools*. East Lansing, MI: National Center for Research on Teacher Learning. (ERIC Ducument Production Series No. ED413914)

Zander, D. E. & Koughi (1995). Knowledge and the speed of the transfer and limitation of organizational capabilities: An empirical test. *Organizational Science, 6*(1), 76-92.

Zuckerman, H. (1992). The scientific elite: Nobel laureates' mutual influences. In R. S. Albert (Ed.), *Genius and eminence* (2nd ed.), Interna-

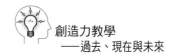

tional series in experimental social psychology (Vol. 22, pp. 157-169). New York, NY: Pergamon Press.

國家圖書館出版品預行編目資料

創造力教學—過去、現在與未來／葉玉珠著.
--初版.--臺北市：心理, 2006（民 95）
面；　公分.--（資優教育；21）
參考書目：面

ISBN 978-957-702-906-5（平裝）

1. 教學法　　　2. 創造

521.4　　　　　　　　　　　　　95008712

資優教育 21　　**創造力教學 —— 過去、現在與未來**

作　　　者：葉玉珠
執行編輯：李　晶
總　編　輯：林敬堯
發 行 人：洪有義
出 版 者：心理出版社股份有限公司
社　　　址：台北市和平東路一段 180 號 7 樓
總　　　機：(02) 23671490　　傳　　　真：(02) 23671457
郵　　　撥：19293172　心理出版社股份有限公司
電子信箱：psychoco@ms15.hinet.net
網　　　址：www.psy.com.tw
駐美代表：Lisa Wu　tel: 973 546-5845　　fax: 973 546-7651
登 記 證：局版北市業字第 1372 號
電腦排版：龍虎電腦排版股份有限公司
印 刷 者：東縉彩色印刷有限公司
初版一刷：2006 年 6 月
初版三刷：2009 年 10 月

定價：新台幣 300 元　　■有著作權·侵害必究■
ISBN 978-957-702-906-5

讀者意見回函卡

No. _____　　　　　　　　填寫日期：　年　月　日

感謝您購買本公司出版品。為提升我們的服務品質，請惠填以下資料寄回本社【或傳真(02)2367-1457】提供我們出書、修訂及辦活動之參考。您將不定期收到本公司最新出版及活動訊息。謝謝您！

姓名：_____　　性別：1□男　2□女

職業：1□教師 2□學生 3□上班族 4□家庭主婦 5□自由業 6□其他____

學歷：1□博士 2□碩士 3□大學 4□專科 5□高中 6□國中 7□國中以下

服務單位：_____　部門：_____　職稱：_____

服務地址：_____　電話：_____　傳真：_____

住家地址：_____　電話：_____　傳真：_____

電子郵件地址：_____

書名：_____

一、您認為本書的優點：（可複選）

　　❶□內容 ❷□文筆 ❸□校對 ❹□編排 ❺□封面 ❻□其他____

二、您認為本書需再加強的地方：（可複選）

　　❶□內容 ❷□文筆 ❸□校對 ❹□編排 ❺□封面 ❻□其他____

三、您購買本書的消息來源：（請單選）

　　❶□本公司 ❷□逛書局⇨_____書局 ❸□老師或親友介紹

　　❹□書展⇨____書展 ❺□心理心雜誌 ❻□書評 ❼其他_____

四、您希望我們舉辦何種活動：（可複選）

　　❶□作者演講 ❷□研習會 ❸□研討會 ❹□書展 ❺□其他____

五、您購買本書的原因：（可複選）

　　❶□對主題感興趣 ❷□上課教材⇨課程名稱_____

　　❸□舉辦活動 ❹□其他_____　　　（請翻頁繼續）

廣	告	回	信
台 北 郵 局 登 記 證			
台 北 廣 字 第 940 號			

（免貼郵票）

心 理 出 版 社 股份有限公司

台北市 106 和平東路一段 180 號 7 樓

TEL: (02) 2367-1490
FAX: (02) 2367-1457
EMAIL:psychoco@ms15.hinet.net

沿線對折訂好後寄回

六、您希望我們多出版何種類型的書籍

❶□心理 ❷□輔導 ❸□教育 ❹□社工 ❺□測驗 ❻□其他

七、如果您是老師，是否有撰寫教科書的計劃：□有□無

書名／課程：＿＿＿＿＿＿＿＿＿＿＿＿＿＿＿＿＿

八、您教授／修習的課程：

上學期：＿＿＿＿＿＿＿＿＿＿＿＿＿＿＿＿＿＿＿

下學期：＿＿＿＿＿＿＿＿＿＿＿＿＿＿＿＿＿＿＿

進修班：＿＿＿＿＿＿＿＿＿＿＿＿＿＿＿＿＿＿＿

暑　假：＿＿＿＿＿＿＿＿＿＿＿＿＿＿＿＿＿＿＿

寒　假：＿＿＿＿＿＿＿＿＿＿＿＿＿＿＿＿＿＿＿

學分班：＿＿＿＿＿＿＿＿＿＿＿＿＿＿＿＿＿＿＿

九、您的其他意見

謝謝您的指教！

62021